컴퓨팅 사고력을 키우는 22가지 이야기

프로그래밍 비타민

김종훈 지음

지은이 **김종훈** jkim0858@jejunu.ac.kr | jkim0858@naver.com

제주대학교 교육대학 초등컴퓨터교육전공 교수로 재직 중이며 2000년부터 제주대학교 과학영재교육원 초등정보트랙 학생들을 지도하고 있습니다. 특히 2012년 5월부터 창의적 미래 인재 양성을 위해 교육기부 프로그램인 〈창의 컴퓨터 교실〉을 무료로 운영해오고 있고(http://cafe.naver.com/creativecomputer 참고), 교원을 대상으로 소프트웨어 교육 연수를 운영하고 있습니다. 집필한 저서로 〈꼬마 해커의 작업실, 수프〉 시리즈인 『스크래치』(한빛미디어, 2014), 『스크래치 알고리즘』(한빛미디어, 2014)과 『컴퓨터 개론』(한빛아카데미, 2013, 네이버 지식백과 등재), 『프로그래밍 언어론』(한빛아카데미, 2008), 『초보자를 위한 Linux & Unix C 프로그래밍』(한빛미디어, 2003) 등 21권이 있으며, 〈CPS 모형 기반 스크래치 프로그래밍 학습이 언어 창의성에 미치는 영향〉(컴퓨터교육학회논문지), 〈센서 기반 스크래치 프로그래밍 중심의 STEAM 교육 프로그램 개발 및 적용〉(정보교육학회논문지) 등 수십 편의 소프트웨어 교육 관련 논문을 발표했습니다. 최근에는 아이스크림 원격교육연수원과 티처빌 원격교육연수원의 스크래치, 스크래치 알고리즘 등 소프트웨어 교육 강좌 개발을 총괄하고 있으며, 초·중등학생들의 컴퓨팅 사고력 신장을 가져오는 교육 프로그램을 개발하는 데 연구를 집중하고 있습니다.

독자 카페 http://cafe.naver.com/scratchprogramming

프로그래밍 비타민 : 컴퓨팅 사고력을 키우는 22가지 이야기

초판발행 2015년 08월 01일
2쇄발행 2017년 01월 02일

지은이 김종훈 / **펴낸이** 김태헌
펴낸곳 한빛미디어(주) / **주소** 서울시 마포구 양화로 7길 83 한빛미디어(주) IT출판부
전화 02-325-5544 / **팩스** 02-336-7124
등록 1999년 6월 24일 제10-1779호 / **ISBN** 978-89-6848-210-6 13000

총괄 배용석 / **책임편집** 최현우 / **기획** 조희진
디자인 표지·일러스트 신병근, 내지 김미현, 조판 이경숙
영업 김형진, 김진불, 조유미 / **마케팅** 박상용, 송경석, 조승모, 변지영 / **제작** 박성우, 김정우

이 책에 대한 의견이나 오탈자 및 잘못된 내용에 대한 수정 정보는 한빛미디어(주)의 홈페이지나 아래 이메일로 알려주십시오. 잘못된 책은 구입하신 서점에서 교환해 드립니다. 책값은 뒤표지에 표시되어 있습니다.

한빛미디어 홈페이지 www.hanbit.co.kr / 이메일 ask@hanbit.co.kr

지금 하지 않으면 할 수 없는 일이 있습니다.
책으로 펴내고 싶은 아이디어나 원고를 메일(writer@hanbit.co.kr)로 보내주세요.
한빛미디어(주)는 여러분의 소중한 경험과 지식을 기다리고 있습니다.

사용연령 8세 이상 / **제조국** 대한민국
사용상 주의사항 책종이가 날카로우니 베이지 않도록 주의하세요.

컴퓨팅 사고력을 키우는 22가지 이야기

프로그래밍 비타민

김종훈 지음

한빛미디어
Hanbit Media, Inc.

지은이의 말

소프트웨어 교육을 위한 프로그래밍 핵심 원리

초·중학교에서의 소프트웨어 교육이 강조되는 요즘 소프트웨어를 이해하려면 반드시 알아야 할 프로그래밍 원리를 누구나 쉽고 명확하게 이해할 수 있게 돕고자 이 책을 집필했습니다.

이 책은 학습 효과를 극대화하기 위해 다음과 같은 단계로 구성했습니다.

- 생각해보기 : 각 절에서 배울 프로그래밍 원리와 관련된 퍼즐 형식의 문제를 풀어보는 코너로, 언플러그드 컴퓨팅 활동이라 할 수 있습니다.

- 프로그래밍 원리 설명 : 프로그래밍 핵심 원리를 누구나 쉽게 이해할 수 있도록 다양한 예제를 통해 설명합니다.

- 스크래치 프로그래밍 활동 : 살펴본 프로그래밍 원리가 실제 프로그래밍에 어떻게 적용되는지 스크래치를 이용해서 만들어봅니다.

- 도전해보기 : 배운 프로그래밍 원리 또는 스크래치 프로그래밍 활동과 관련된 응용 문제로, 배운 내용을 명확히 이해하게 됩니다.

또한 저자가 직접 운영하는 스크래치 최대 온라인 커뮤니티인 http://cafe.naver.com/scratchprogramming(단축URL http://goo.gl/iwRpLg)를 이용해서 사이버 학습효과를 누릴 수 있습니다.

이 책이 나올 수 있도록 기회와 도움을 주신 김태헌 대표이사님, 배용석 이사님, 최현우 팀장님, 조희진 과장님을 비롯한 한빛미디어㈜ 식구들에게 감사의 말씀을 전합니다.

부디 이 책을 통해 초·중학교에서의 소프트웨어 교육을 제대로 준비하시기 바랍니다.

2015년 8월 김종훈

카페 소개

http://cafe.naver.com/scratchprogramming `단축 URL` http://goo.gl/iwRpLg

〈스크래치〉 카페는 스크래치 관련 국내 최대 온라인 커뮤니티로 이 책의 저자인 제주대학교 초등컴퓨터교육전공 김종훈 교수가 운영하고 있습니다. 이 카페에서는 〈10대를 위한 프로그래밍 노트, 수프〉 시리즈인 『프로그래밍 비타민 : 컴퓨팅 사고력을 키우는 22가지 이야기』(한빛미디어, 2015)와 〈꼬마해커의 작업실, 수프〉 시리즈인 『스크래치 : 창의력과 문제해결능력 향상을 위한 첫걸음』(한빛미디어, 2014), 『스크래치 알고리즘 : 초등학생도 볼 수 있는 가장 쉬운 알고리즘』(한빛미디어, 2014) 책에서 나오는 모든 프로그램 제공은 물론이고 스크래치 등 다양한 소프트웨어 교육 자료를 제공하고 있습니다. 특히 전문가가 관리하는 〈질의응답〉 코너를 통해 스크래치만이 아니라 소프트웨어 교육에 관한 궁금증을 해결할 수 있습니다.

책 소개

이 책의 대상층

• 초·중등학교 학생

• 소프트웨어 교육을 담당하시거나 담당하실 선생님

• 프로그래밍을 처음 접하시는 분

이 책에서 배울 수 있는 것

소프트웨어 교육에 있어서 기본이 되는 다음과 같은 원리를 가장 쉽게 배울 수 있습니다.

프로그램과 프로그래밍 개요 / 프로그램에서의 데이터 / 진법 / 문자 표현 / 숫자 표현 / 반복 구조 / 조건 구조 / 논리 / 함수 / 재귀 함수 / 배열 / 연결 리스트 / 스택 / 큐 / 트리 / 그래프 / 정렬 / 탐색 / 이진 탐색 트리 / 다익스트라 알고리즘 / 오류 검출하기 / 압축하기

이 책에서 다루는 프로그래밍 언어

이 책에서는 전 세계적으로 가장 많이 사용되고 있는 교육용 프로그래밍 언어인 스크래치를 이용해서 설명하고 있습니다.

스크래치는 2007년 1월 미국 MIT 미디어 랩에서 개발한 교육용 프로그래밍 언어입니다. 2013년 5월에는 인터넷 기반의 2.0 버전을 발표했는데 이때부터 별도 소프트웨어 설치 없이 스크래치 웹사이트인 https://scratch.mit.edu를 방문하면 프로그램을 작성할 수 있습니다.

이 책의 구성 요소

이 책은 본문 외에도 프로그램을 이해하고 학습 습득 정도에 따른 추가 학습이 가능하도록 다음과 같은 구성 요소를 제공합니다.

 생·각·해·보·기

살펴볼 프로그래밍 원리와 관련된 퍼즐 형식의 문제로, 언플러그드 컴퓨팅 활동이라 할 수 있습니다. 이 활동 후에 원리에 대한 설명을 접함으로써 프로그래밍 원리를 더 쉽고 빠르게 익힐 수 있습니다. 정답은 책 뒤에서 제공하고 있으나 반드시 스스로 해결해보기를 바랍니다.

 도·전·해·보·기

살펴본 프로그래밍 원리와 관련된 응용 문제로, 배운 내용을 명확히 이해하게 됩니다. 정답은 책 뒤에서 제공하고 있으나 반드시 스스로 해결해보기를 바랍니다.

 잠깐만!

혹시 모를 수 있는 용어나 개념에 대한 설명을 하는 코너입니다.

동영상 확인해보기

살펴본 프로그래밍 원리와 관련된 언플러그드 컴퓨팅 활동 동영상입니다. 이런 동영상은 초등학교 학생들에게 적용해 볼 수 있습니다.

 수·준·높·이·기

살펴본 프로그래밍 원리와 관련된 프로그래밍을 설명하는 책을 소개하는 코너입니다. 프로그래밍 수준을 좀 더 높이고 싶은 분께 도움이 될 겁니다.

차례

0장 처음 만나는 스크래치 · 012

0.1 회원 가입하고 스튜디오 팔로잉하기 · 013
0.2 스크래치 화면 살펴보기 · 016

1장 프로그램과 프로그래밍 · 018

1.1 프로그램이란 · 019
1.2 프로그래밍 언어와 프로그래밍 · 020
1.3 첫 프로젝트 움직이는 고양이 · 021

2장 프로그램에서의 데이터 · 026

2.1 프로그램에서의 데이터 · 027
2.2 변수 생성하고 값 저장하기 · 028
2.3 프로젝트 원의 둘레와 넓이 · 030
2.4 프로젝트 두 변수 값 교환하기 · 033

3장 진법 · C35

3.1 진법이란 · 036
3.2 진법 변환 · 039

4장 문자 표현 · 045

4.1 2진수로 문자 표현하기 · 046
4.2 ASCII · 048
4.3 유니코드 · 051

5장 숫자 표현 · 053

5.1 정수 표현하기 · **054**

5.2 부동소수점 수 표현하기 · **058**

6장 반복 구조 · 061

6.1 반복 구조란 · **062**

6.2 프로젝트 반복 구조로 움직이는 고양이 · **064**

6.3 프로젝트 1부터 5까지의 합 · **066**

7장 조건 구조 · 068

7.1 조건 구조란 · **069**

7.2 프로젝트 합격과 불합격 판별하기 · **072**

7.3 프로젝트 동전 던지기 · **073**

8장 논리 · 076

8.1 논리 연산 · **077**

8.2 프로젝트 놀이공원 입장료 · **082**

8.3 프로젝트 윤년 판별하기 · **084**

9장 함수 · 086

9.1 함수란 · **087**

9.2 프로젝트 함수를 이용한 정사각형 그리기 · **090**

10장 재귀함수 · 093

10.1 재귀함수란 · **094**

10.2 재귀함수를 이용한 계승 구하기 · **096**

10.3 프로젝트 재귀함수를 이용한 정사각형 그리기 · **102**

11장 배열 · 105

11.1 선형 리스트와 배열 · **106**

11.2 프로젝트 퀴즈 · **112**

12장 연결 리스트 · 116

    12.1 포인터 · 117

    12.2 연결 리스트 · 118

    12.3 단순 연결 리스트 · 120

    12.4 이중 연결 리스트 · 124

13장 스택 · 128

    13.1 스택이란 · 129

    13.2 스택을 이용한 연산 · 133

    13.3 프로젝트 스택 · 136

14장 큐 · 139

    14.1 큐란 · 140

    14.2 원형 큐 · 143

    14.3 프로젝트 큐 · 146

15장 트리 · 149

    15.1 트리란 · 150

    15.2 이진 트리 · 152

    15.3 이진 트리의 순회 · 155

16장 그래프 · 162

    16.1 그래프란 · 163

    16.2 그래프의 탐색 · 167

17장 정렬 · 173

    17.1 버블 정렬 · 174

    17.2 선택 정렬 · 176

    17.3 삽입 정렬 · 178

    17.4 퀵 정렬 · 179

18장 탐색 · 183

18.1 선형 탐색 · 184
18.2 프로젝트 선형 탐색 · 186
18.3 이진 탐색 · 188
18.4 프로젝트 이진 탐색 · 191

19장 이진 탐색 트리 · 194

19.1 이진 탐색 트리란 · 195
19.2 이진 탐색 트리에서의 탐색 · 196
19.3 이진 탐색 트리에서의 삽입 · 198
19.4 이진 탐색 트리에서의 삭제 · 200

20장 다익스트라 알고리즘 · 203

20.1 최단 경로 · 204
20.2 다익스트라 알고리즘 · 206

21장 오류 검출하기 · 212

21.1 패리티 비트 · 213
21.2 세로 중복 검사 · 216
21.3 체크섬 · 218

22장 압축하기 · 221

22.1 런 렝스 코딩 · 222
22.2 허프만 코딩 · 224

실전 문제 풀이 · 230

0장

처음 만나는
스크래치

0.1

회원 가입하고 스튜디오 팔로잉하기

학습목표 스크래치 웹사이트에 회원으로 가입해봅시다. 그리고 친구의 스튜디오를 팔로우해서 쉽게 찾아가봅시다.

1 웹 브라우저 주소창에 http://scratch.mit.edu를 입력하여 스크래치 웹사이트를 방문합니다.

2 화면 위에 있는 [스크래치 가입] 버튼을 누릅니다.

3 사용자 이름과 비밀번호를 입력하고 [다음] 버튼을 누릅니다.

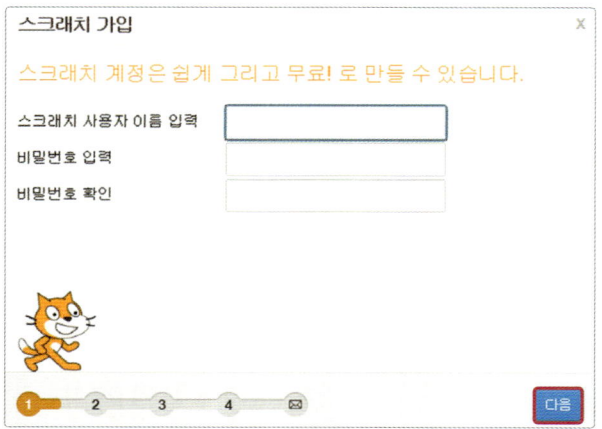

4 생년월, 성별, 국가 등 요구하는 정보를 입력하고 [다음] 버튼을 누릅니다.

5 이메일 주소를 입력하고 [다음] 버튼을 누릅니다.

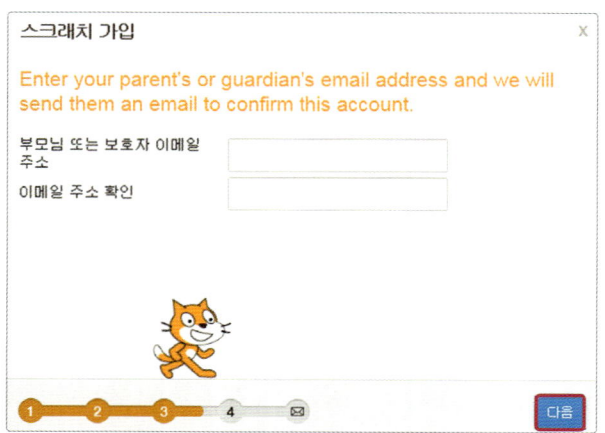

6 다음과 같은 화면이 나오면 회원가입에 성공한 것입니다.

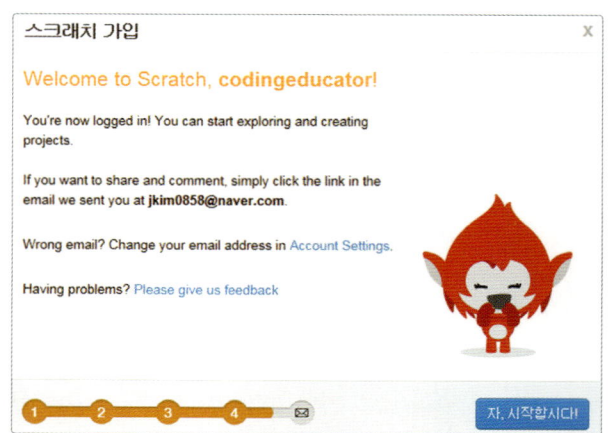

스크래치에 가입했으면 다른 사람과 친구를 맺어서 친구의 스튜디오를 쉽게 방문할 수 있습니다. 일종의 북마크와 같은 형태죠. 이렇게 친구가 되는 과정을 팔로우가 된다고 표현하며 팔로잉한다고 합니다. 그리고 다른 사람의 계정 뿐 아니라 스튜디오를 팔로잉할 수도 있습니다. 그럼 지금부터 이 책에 나오는 모든 프로그램을 모아 놓은 스튜디오, https://scratch.mit.edu/studios/1268730/를 팔로잉하고 찾아가는 방법을 설명하겠습니다.

7 상단의 [검색] 창에 '프로그래밍비타민'을 입력하고 엔터 키를 눌러 검색된 스튜디오로 가거나 또는 직접 https://scratch.mit.edu/studios/1268730/로 이동합니다. 오른쪽 위에 있는 [팔로우] 버튼을 누르면 이 스튜디오를 팔로잉합니다.

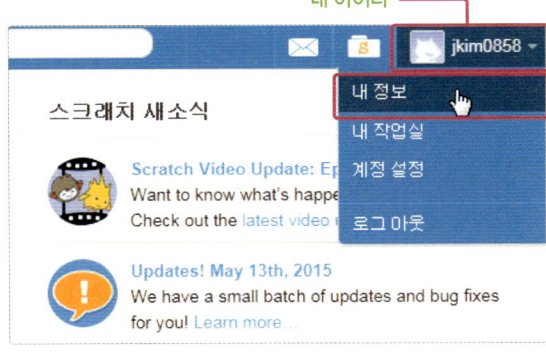

8 팔로잉하고 있는 스튜디오로 이동하려면 아이디의 [내 정보]를 선택합니다.

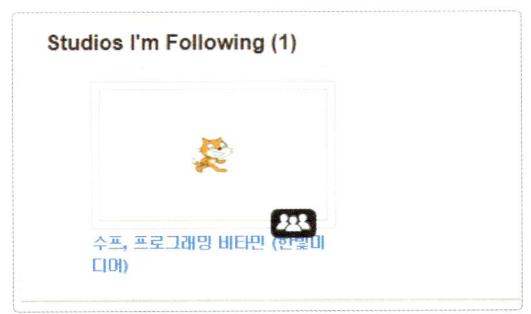

9 [Studios I'm Following]에 팔로잉하고 있는 스튜디오 목록을 확인할 수 있습니다. 이용하기 원하는 스튜디오를 클릭하면 해당 스튜디오로 이동합니다. 물론 스튜디오 주소를 직접 입력해서 이동할 수도 있습니다.

0.2
스크래치 화면 살펴보기

학습목표 스크래치 화면을 둘러보고 기능을 알아봅니다.

스크래치 웹사이트에 로그인하면 다음과 같은 화면이 나옵니다.

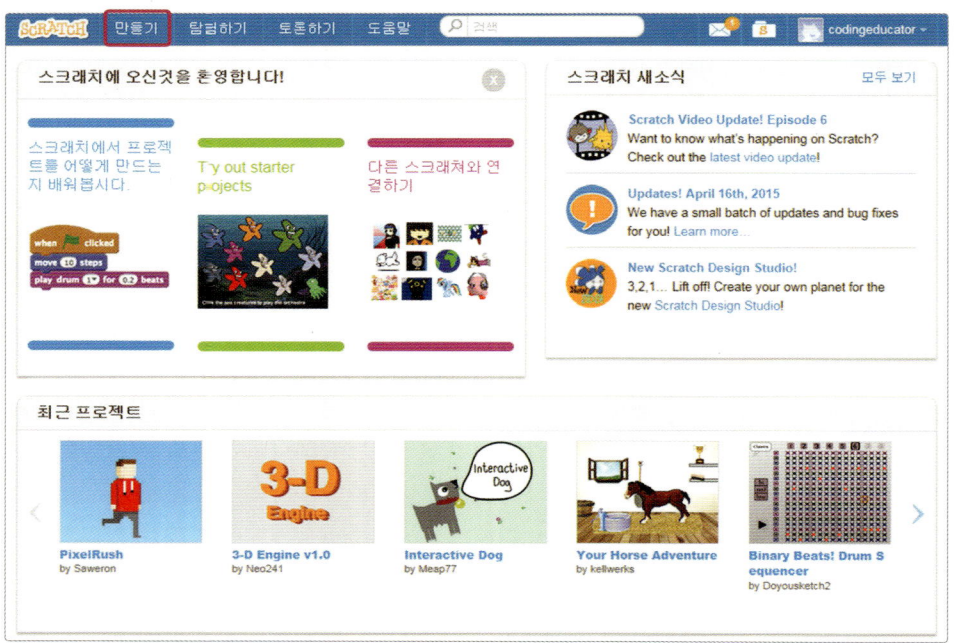

화면 윗줄의 [만들기] 버튼을 누르면 스크래치 프로그램을 만들 수 있는 화면이 나옵니다. 화면의 기능을 간단히 정리하면 다음과 같습니다.

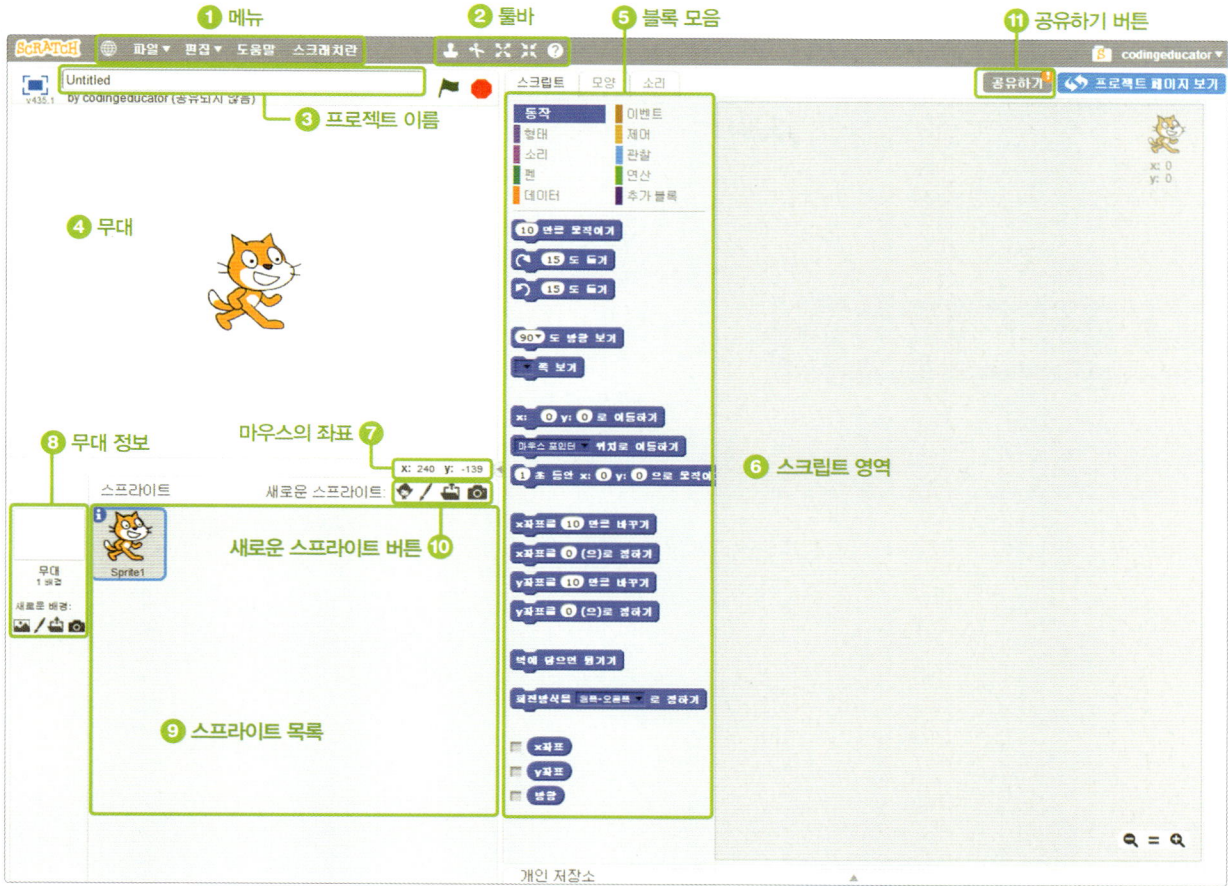

❶ 메뉴 : 언어선택, 파일, 편집, 도움말 등의 기능을 이용할 수 있습니다.

❷ 툴바 : 복사, 삭제, 확대, 축소, 블록 도움말 기능을 이용할 수 있습니다.

❸ 프로젝트 이름 : 현재 작업 중인 프로젝트의 이름으로, 변경할 수 있습니다.

❹ 무대 : 스프라이트가 동작하는 공간입니다.

❺ 블록 모음 : 프로그램을 작성하기 위한 블록들을 모아놓은 곳입니다.

❻ 스크립트 영역 : 블록을 이용해서 스크립트를 작성하는 영역입니다.

❼ 마우스의 좌표 : 마우스의 현재 (x, y) 좌표를 나타냅니다.

❽ 무대 정보 : 현재 무대 배경을 보여주고, 새로운 배경을 선택할 수 있습니다.

❾ 스프라이트 목록 : 프로젝트에 포함된 스프라이트들의 목록을 보여줍니다.

❿ 새로운 스프라이트 버튼 : 새로운 스프라이트를 만들 수 있습니다.

⓫ 공유하기 버튼 : 프로젝트를 다른 사용자와 공유할 수 있습니다.

1장

프로그램과
프로그래밍

프로그래밍 언어를 이용해서 프로그램을 만드는 과정을 프로그래밍
이라 합니다.
그런데 프로그래밍은 전문적인 프로그래머만 할 수 있는 일일까요?
아닙니다. 어린이를 비롯한 누구나 할 수 있습니다.
이 장에서는 먼저 프로그램과 프로그래밍 개념에 대
해 간단하게 살펴보고, 스크래치라는 교육용 프로그
래밍 언어를 이용해서 프로그램을 직접 만들어보겠습
니다.

프로그램이란

학습목표 프로그래밍에 대한 내용을 살펴보기에 앞서 자주 접하는 용어인 프로그램에 대한 개념을 알아봅니다.

다음은 윈도우 환경에서 한글과 엑셀을 실행한 화면인데, 윈도우, 한글, 엑셀과 같이 컴퓨터가 어떤 작업을 수행하도록 하는 것을 프로그램이라 합니다.

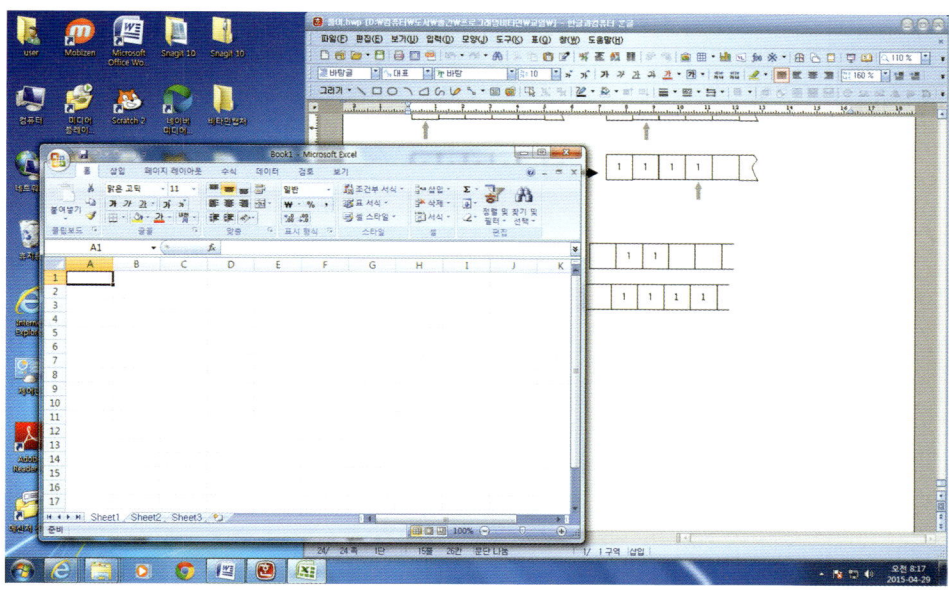

> **잠깐만!**
>
> **C 언어 개발자 데니스 리치**
>
> 지금은 고인이 된 데니스 리치는 미국에서 물리학과 응용 수학을 전공한 사람입니다. 벨 연구소에서 일하던 1972년, 켄 톰슨과 함께 C 언어를 만들었습니다. 또 유닉스라고 하는 기업 컴퓨터에서 사용하는 운영체제도 만들었죠. 이런 공로를 인정받아 1987년 튜링상을 받았습니다. 튜링상은 컴퓨터계의 노벨상이랍니다.

좀 더 명확하게 정리하면 프로그램이란 컴퓨터에 의해 실행되는 명령어들의 집합을 의미합니다. 그리고 다음은 프로그래밍 언어 중 C 언어로 작성한 '안녕하세요'를 출력하는 소스 코드인데 이와 같이 사용자가 작성한 소스 코드 역시 프로그램이라 합니다.

```
#include <stdio.h>
int main()
{
    printf("안녕하세요");
    return 0;
}
```

1.2

프로그래밍 언어와 프로그래밍

학습목표 프로그램을 만드는 언어인 프로그래밍 언어의 종류를 알아보고 프로그램을 만드는 과정인 프로그래밍에 대한 개념을 알아봅니다.

방금 살펴본 C 언어와 같이 프로그램을 작성하기 위한 언어를 프로그래밍 언어라 하는데, 대표적인 언어로 C, 자바, C++, 자바스크립트 등이 있습니다. 그 외에 교육용 프로그래밍 언어로 스크래치와 앱 인벤터 등이 있는데, 이 책에서는 스크래치를 이용해서 설명할 겁니다.

왼쪽은 스크래치로 작성한 '안녕하세요'를 말하는 프로그램입니다. 앞서 C 언어로 작성한 프로그램과 비교해보면 굉장히 쉬울 겁니다.

이렇게 프로그래밍 언어를 이용해서 프로그램을 만드는 과정을 프로그래밍이라 합니다.

기계어

0과 1의 2진수로 이뤄진 컴퓨터 언어

사실 컴퓨터가 직접 이해하는 언어는 기계어인데, 기계어는 언어 자체가 복잡하고 컴퓨터 종류에 따라 달라서 프로그래밍을 하기가 아주 어렵습니다. '안녕하세요'를 출력하는 프로그램을 0과 1로 표현하는 일이 쉬울 리가 없겠죠.

그래서 컴퓨터보다 우리(사람)가 이해하기 쉬운 C 언어, 스크래치 등의 프로그래밍 언어가 개발된 것입니다. 이런 프로그래밍 언어로 사용자가 작성한 프로그램은 컴퓨터가 이해할 수 있는 기계어 형태로 변환해야 합니다. 이렇게 변환하는 과정을 번역(컴파일링)이라 하고 이런 일을 담당하는 소프트웨어를 언어 번역기(컴파일러와 인터프리터)라 합니다.

간단하게 프로그램과 프로그래밍의 개념을 살펴봤습니다. 이제 스크래치를 이용해서 프로그램을 직접 만들어보겠습니다. 누구나 쉽게 따라 하며 만들 수 있으니 스크래치를 몰라도 걱정하지 마세요.

1.3

프로젝트 미리 실행하기 | https://scratch.mit.edu/projects/59455096

첫 프로젝트 움직이는 고양이

 프로그래밍을 배우는 가장 좋은 방법은 직접 만들어보는 것입니다. 스크래치라는 교육용 프로그래밍 언어를
이용해서 고양이가 움직이는 프로그램을 직접 만들어봅니다.

실전 1-1

 생·각·해·보·기 고양이가 어떻게 움직일까?(1)

시키는 대로 움직이는 고양이가 있습니다.

고양이가 다음 [지시사항]을 수행하면 어떻게 움직일지 이동 경로를 손으로 그려보세요.

[지시사항]

1 앞으로 1m 이동한다.
2 시계 방향으로 120도 회전한다.
3 앞으로 1m 이동한다.
4 시계 방향으로 120도 회전한다.
5 앞으로 1m 이동한다.

방금 살펴본 '생각해보기'를 스크래치라는 교육용 프로그래밍 언어를 이용해서 프로그램으로 만들어보겠습니다.

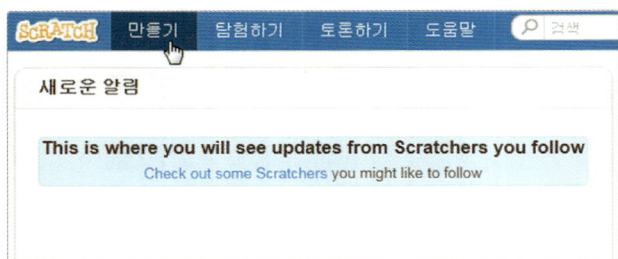

1 스크래치 웹사이트(http://scratch.mit.edu)에 로그인한 후 [만들기] 버튼을 누릅니다.

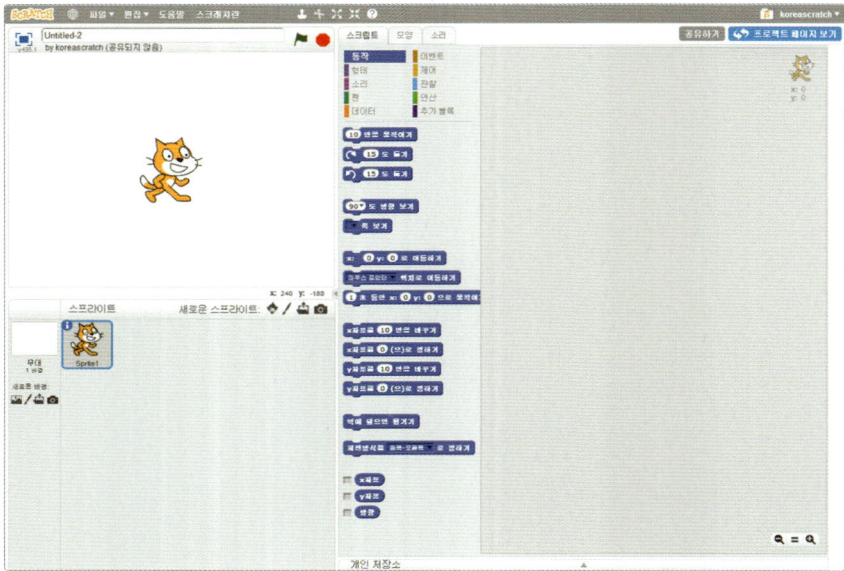

2 이런 화면이 보이나요? 이 화면에서 프로그램을 만들 겁니다.

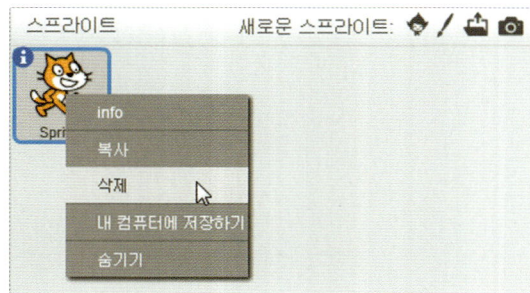

3 스프라이트 목록에 있는 고양이 모양의 그림인 'Sprite1' 스프라이트에 마우스 오른쪽 버튼을 눌러 [삭제]를 선택하여 삭제합니다.

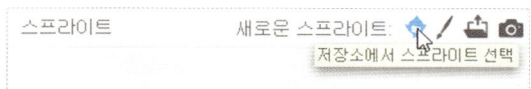

4 새로운 스프라이트를 가져오기 위해 '저장소에서 스프라이트 선택' 버튼을 누릅니다.

5 다양한 종류의 스프라이트 모양이 있는데, 이 중 'Cat2'를 선택하고 [확인] 버튼을 누릅니다.

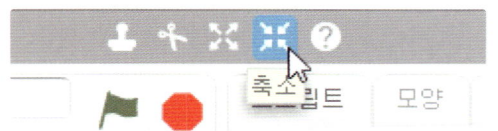

6 툴바의 '축소' 버튼을 누른 후 마우스 왼쪽 버튼으로 고양이 스프라이트를 4회 정도 눌러 적당한 크기로 줄입니다.

7 [스크립트] 탭의 [이벤트] 버튼을 눌러 블록을 끌어와서 오른쪽에 위치한 스크립트 영역에 놓습니다.

8 [동작] 카테고리의 블록을 끌어와서 앞에서 끌어다 놓은 블록 아래에 붙입니다. 그리고 x좌표 값을 −100으로 하고, y좌표 값을 100으로 바꿉니다.

9 [동작] 카테고리의 블록을 끌어와서 연결한 후 10을 200으로 바꿉니다.

10 [제어] 카테고리의 1 초 기다리기 블록과 [동작] 카테고리의 ↻ 15 도 돌기 블록을 연결합니다. 기다리는 시간은 1초에서 0.5초로, 움직이는 각도는 15도에서 120도로 수정합니다.

11 200 만큼 움직이기 블록을 마우스 오른쪽 버튼을 눌러 '복사'를 선택하면 블록들이 복사되는데 이 복사된 블록들을 아래에 연결합니다.

12 같은 블록들을 한 번 더 복사해서 연결합니다. 드디어 프로그램이 완성되었습니다.

13 완성된 프로그램을 실행하겠습니다. 무대 바로 위에 있는 🏴 버튼(시작 버튼)을 누르면 고양이가 삼각형 모양의 이동 경로를 보이며 움직이나요? 바로 여러분이 작성한 블록 순서대로 동작합니다. 이처럼 컴퓨터는 스스로 움직이지 못하고 우리(사람)가 만든 프로그램에 나열된 명령어의 순서대로 동작합니다.

스크래치를 이용해서 아주 간단한 프로그램을 만들어봤습니다. 그럼 이번에는 '도전해보기'를 풀어볼까요? 책 뒤에서 풀이 과정을 제공하고 있지만 미리 보지 말고 꼭 스스로 해결해보세요.

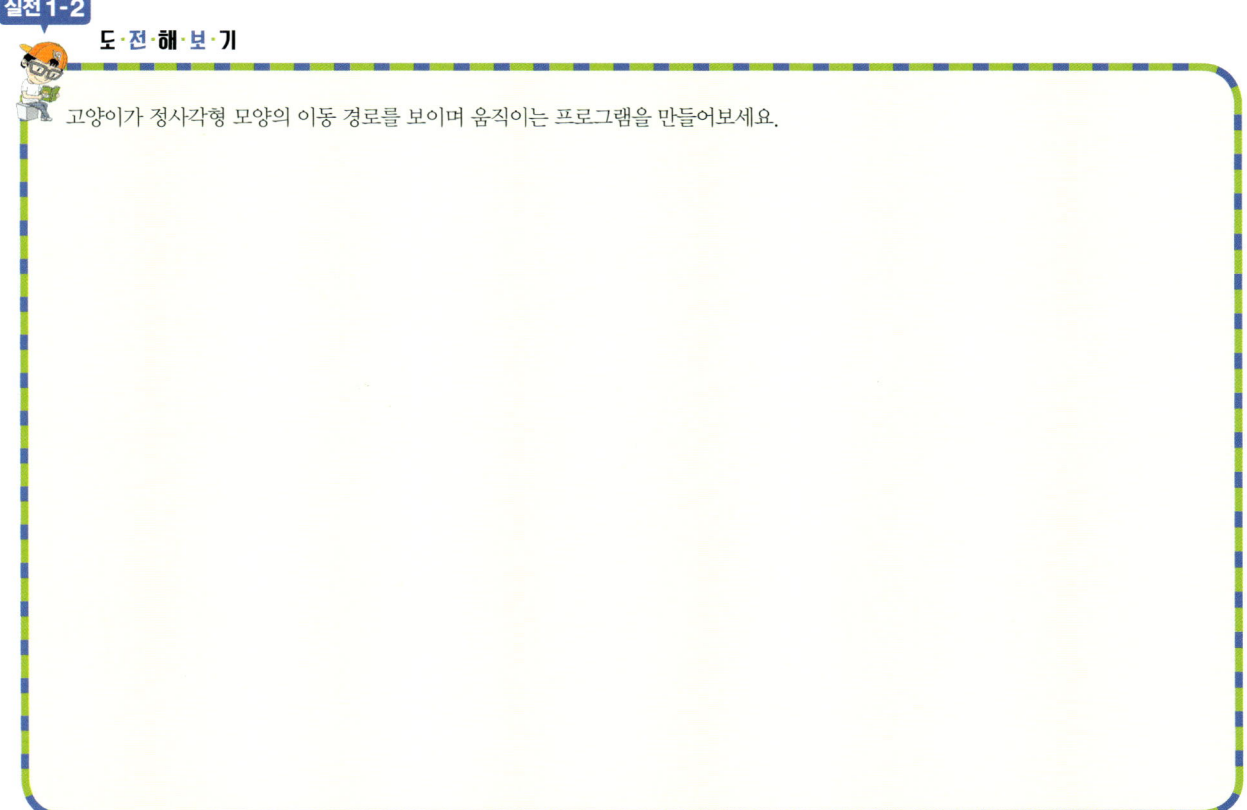

실전 1-2
도·전·해·보·기

고양이가 정사각형 모양의 이동 경로를 보이며 움직이는 프로그램을 만들어보세요.

2장

프로그램에서의 데이터

데이터가 없는 프로그램은 상상할 수 없습니다. 1장에서 살펴본 '안녕하세요'를 출력하는 간단한 프로그램에도 데이터가 있습니다. 바로 '안녕하세요'가 데이터입니다. 우리가 즐기는 게임을 예로 들어보면 게임에는 대부분 점수와 생명이 있죠? 이것도 또한 데이터입니다.

이 장에서는 프로그램에서의 데이터인 상수와 변수에 대해 살펴보고, 이런 데이터를 사용하는 프로그램을 만들어보겠습니다.

2.1 프로그램에서의 데이터

학습목표 프로그램에서의 데이터는 상수와 변수로 구분할 수 있습니다. 상수와 변수에 대한 개념을 알아봅니다.

1장에서 프로그램이 무엇인지 알고 간단하게나마 프로그램을 만들어봤습니다. 이번에는 조금 더 수준을 높여 원의 반지름을 입력받아 원의 둘레와 넓이를 구하는 프로그램을 생각해봅시다.

다음과 같이 원의 둘레와 넓이를 구하는 공식을 이용해서 프로그램을 작성하겠습니다.

$$원의\ 둘레 = 반지름 \times 2 \times 3.14$$
$$원의\ 넓이 = 반지름 \times 반지름 \times 3.14$$

공식에서 2와 3.14와 같이 이미 정해져 있으면서 변하지 않는 값이 있는데 프로그래밍에서는 이를 상수라고 합니다. 특히, 2, 3.14, 200같은 숫자를 수치형 상수라 하고, 다음 스크래치 블록의 '안녕하세요'는 문자열형 상수라 합니다.

잠깐만!

상수
이미 정해져 있으면서
변하지 않는 값

안녕하세요 **말하기**

반면 반지름은 사용자가 어떤 값을 입력하느냐에 따라 달라지는데, 반지름과 같이 변하는 값을 수학에서 변수라 합니다.

이런 상수와 변수가 프로그램에서의 데이터에 해당됩니다. 그러면 변수에 대해 좀 더 상세하게 살펴보겠습니다.

상수

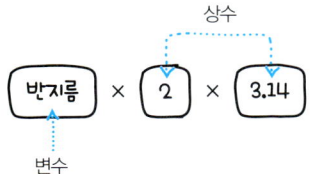

반지름 × 2 × 3.14

변수

2.2

변수 생성하고 값 저장하기

학습목표 변수를 생성하고 변수에 값을 저장하는 방법 등 변수를 사용하는 구체적인 방법에 대해 알아봅니다.

프로그램에서 변수란 임의의 값을 저장하는 공간을 의미합니다.

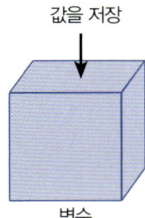

값을 저장

변수

대부분의 프로그래밍 언어에서는 변수를 사용한다고 언어 번역기에 미리 알리는데 이를 변수 선언이라 합니다. 예를 들어 다음은 C 언어에서 'age'라는 이름의 변수를 선언하는 문장입니다.

```
int age;
```

이번에는 스크래치에서 'age' 변수를 선언해볼까요?

1 [데이터] 카테고리의 [변수 만들기] 버튼을 클릭합니다.

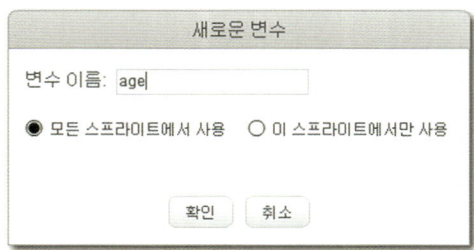

2 [새로운 변수] 창이 열리면 'age'라는 변수 이름을 입력하고 [확인] 버튼을 누릅니다.

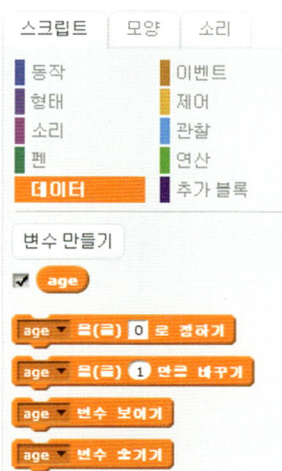

3 [데이터] 카테고리에 'age' 변수가 만들어지고 변수와 관련된 블록이 새롭게 생성됩니다.

변수에 값을 대입하는 문장을 배정문이라 하는데 사용 형식은 다음과 같습니다.

변수 ← 값

스크래치에서는 배정문과 관련된 블록을 2개 제공하고 있습니다.

age 을(를) 0 로 정하기 블록은 변수에 값을 저장하는 블록으로, 다음은 'age' 변수에 12를 저장합니다.

age 을(를) 12 로 정하기

그리고 age 을(를) 1 만큼 바꾸기 블록은 변숫값을 설정한 값만큼 변경하는 블록으로, 'age' 변숫값이 12인 상태에서 다음 블록을 실행하면 1만큼 커져서 'age' 변숫값은 13이 됩니다. 변숫값은 양의 정수뿐만 아니라 −1처럼 음의 정수를 사용할 수도 있습니다.

age 을(를) 1 만큼 바꾸기

그러면 변수를 이용하는 프로젝트를 만들어보겠습니다.

잠깐만!

프로젝트
스크래치에서는 프로그램을 프로젝트라 합니다.

2.3

프로젝트 원의 둘레와 넓이

학습목표 변수 사용 방법을 이해하기 위해 반지름을 입력받아 원의 둘레와 넓이를 구하는 프로젝트를 만들어봅니다.

변수를 만들고 값을 저장해봤으니 이제 반지름을 입력받아 원의 둘레와 넓이를 구하는 프로젝트를 만들어보겠습니다.

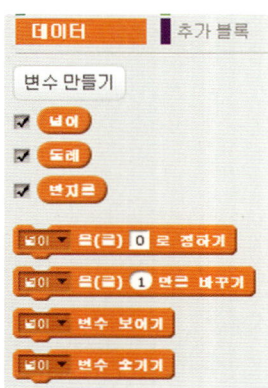

1 [데이터] 카테고리의 [변수 만들기] 버튼을 눌러 '반지름', '둘레', '넓이' 변수를 만듭니다.

2 [관찰] 카테고리의 `What's your name? 묻고 기다리기` 블록을 이용해서 사용자로부터 반지름을 입력받습니다.

3 사용자로부터 입력받은 값을 '반지름' 변수에 저장하려고 합니다. 그러려면 우선 `반지름 ▼ 을(를) ☐ 로 정하기` 블록을 연결합니다.

4 `반지름 : 묻고 기다리기` 블록을 통해 사용자가 입력한 값은 `대답` 에 저장되므로, 이 블록을 끌어다가 `반지름 ▼ 을(를) □ 로 정하기` 블록 안에 넣습니다. 이러면 사용자가 입력한 값이 '반지름' 변수에 저장됩니다.

5 원의 둘레를 구해 '둘레' 변수에 저장하기 위해 '둘레' 변수에 값을 대입합니다.

6 원의 둘레는 '반지름×2×3.14'이므로 [연산] 카테고리의 곱셈 연산자 2개를 이용해서 3개의 수를 곱합니다.

7 반지름은 '반지름' 변수에 저장되어 있으므로 '반지름' 변수, 2, 3.14를 채워넣습니다.

실전 2-1

8 원의 넓이를 구하는 공식 '반지름×반지름×3.14'를 이용해서 넓이를 구해 '넓이' 변수에 저장하려고 합니다. 그렇다면 ⟨ 1 ⟩ 에 어떤 블록이 들어가야 할까요?

9 원의 둘레와 넓이를 모두 구했으니 결과를 출력해야겠죠. [형태] 카테고리의 Hello! 말하기 블록으로 결과를 말합시다.

실전 2-2

도·전·해·보·기

섭씨온도를 입력받아 화씨온도를 구하는 프로젝트를 만들어보세요.

섭씨온도는 우리가 흔히 말하는 온도입니다. 물의 끓는점을 100℃로, 어는점을 0℃로 정하고 그 사이를 100등분한 온도입니다. 반면 화씨온도는 1기압 하에서 물의 어는점을 32℉로, 끓는점을 212℉로 정하고 그 사이를 180등분한 온도입니다. 섭씨온도를 화씨온도로 변환하는 공식을 알려줄 테니 참고하세요.

$$화씨온도 = 섭씨온도 \times \frac{9}{5} + 32$$

2.4

프로젝트 미리 실행하기 | https://scratch.mit.edu/projects/47491898

프로젝트 **두 변수 값 교환하기**

학습목표 두 변수에 저장된 값을 교환하는 프로젝트를 만들어봅니다. 두 변숫값을 교환하는 동작은 데이터를 일정한 규칙에 따라 배열하는 정렬 등 데이터들의 위치를 바꿀 때 사용되는 중요한 개념입니다.

 생·각·해·보·기 **간장과 식초를 바꿔 담자**

  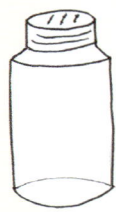

간장과 식초 라벨이 붙어 있는 두 개의 용기에 실수로 간장과 식초를 바꾸어 담았습니다. 빈 병 한 개를 이용해서 두 용기의 내용물을 바꿔 담으려 합니다. 그렇다면 바꿔 담으려면 최소 몇 단계를 거쳐야 할까요?

두 변수에 저장된 값을 교환하는 프로젝트를 만들어보겠습니다.

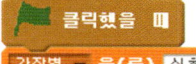

1 '간장병', '식초병', '빈병' 변수를 만들고 '간장병'에 식초를 저장하고 '식초병'에 간장을 저장합니다.

2 '간장병' 변숫값과 '식초병' 변숫값을 교환하기 위해 우선 '빈병'에 '간장병'에 저장된 값을 저장합니다.

3 '간장병'에 '식초병'에 저장된 값을 저장합니다.

실전2-4

4 '식초병'에 본래 '간장병'에 저장되었던 값인 식초를 저장하려고 합니다. 그렇다면 (2) 에 어떤 블록이 들어가야 할지 생각해보고 채우세요.

5 '간장병'과 '식초병'에 저장된 값을 말하면 프로젝트가 완성됩니다.

클릭했을 때
간장병 ▼ 을(를) 식초 로 정하기
식초병 ▼ 을(를) 간장 로 정하기
빈병 ▼ 을(를) 간장병 로 정하기
간장병 ▼ 을(를) 식초병 로 정하기
식초병 ▼ 을(를) ( ) 로 정하기
간장병: 와 간장병 와 식초병: 와 식초병 결합하기 결합하기 결합하기 말하기

3장

진법

우리(사람)는 10진수를 사용하지만 컴퓨터 내부에서는 모든 정보를 2진수로 표현합니다.

10진수를 사용해서 정보를 표현하면 자릿수는 적어지지만 고가의 장치, 연산 처리 능력의 저하, 비안정성 등의 문제가 있습니다. 이런 문제점을 해결하기 위해 컴퓨터 내부에서는 안정성이 뛰어난 2진수로 정보를 표현하는 것입니다. 0 또는 1의 2진수 개념은 전기 장치의 on/off와도 딱 맞는 개념이기도 하고요.

진법 개념과 진법 변환에 대해 살펴보겠습니다.

3.1

진법이란

 수를 나타낼 때 사용할 수 있는 숫자의 개수와 위칫값을 정의해주는 수 체계를 진법이라고 합니다. 진법 개념과 프로그래밍을 하는데 진법을 왜 알아야 하는지 알아봅니다.

실전 3-1

생·각·해·보·기 음료수 병은 몇 개지?

한빛주스 공장에서는 다음 규칙에 맞춰 음료수 병을 포장합니다.

• 음료수 병 6개를 한 묶음으로 묶어 '작은 묶음'으로 포장한다.

• '작은 묶음' 6개를 묶어 '중간 묶음'으로 포장한다.

• '중간 묶음' 6개를 묶어 '큰 묶음'으로 포장한다.

생산된 음료수 병을 보관하는 창고에는 '큰 묶음 개수 – 중간 묶음 개수 – 작은 묶음 개수 – 낱개' 순으로 음료수 개수를 적어 관리합니다. 즉, 2-3-4-5는 큰 묶음 2개, 중간 묶음 3개, 작은 묶음 4개, 낱개 5개를 의미합니다.

그렇다면 음료수 병 보관 창고에 다음과 같이 적혀있다면 음료수 병은 몇 개일까요?

　3-5-2-4

우리가 일상생활에서 0부터 9까지 열 가지 숫자를 사용합니다.

$$0, 1, 2, 3, 4, 5, 6, 7, 8, 9$$

누구나 알고 있겠지만 3에 1을 더하면 3 다음 숫자인 4가 됩니다.

$$3 + 1 = 4$$

그리고 9에 1을 더하면 10이 되는 것도 누구나 알고 있을 겁니다. 9 이후에는 더 이상 나타낼 수 있는 숫자가 없으므로 왼쪽 자리에 1을 올리고 현재 자리에 0을 써서 10이 되는 것입니다.

$$9 + 1 = 10$$

이와 같이 0부터 9까지 열 가지 숫자로 수를 나타내는 방법을 10진법이라 합니다.

이번에는 0부터 7까지 여덟 가지 숫자를 사용하는 경우를 생각해보겠습니다.

0, 1, 2, 3, 4, 5, 6, 7

6에 1을 더하면 7이 됩니다.

$$6 + 1 = 7$$

그렇다면 7에 1을 더한 수는 어떻게 될까요? 7 이후에는 더 이상 나타낼 수 있는 숫자가 없으므로 왼쪽 자리에 1을 올리고 현재 자리에 0을 써서 10이 됩니다. 이때 10진수 10(십)과 구분하기 위해 '일영'이라 읽습니다.

$$7 + 1 = 10$$

이처럼 0부터 7까지 여덟 가지 숫자로 수를 나타내는 방법을 8진법이라 합니다.

다음으로 0과 1의 2개의 숫자를 사용해서 수를 나타내는 방법인 2진법에 대해 살펴보겠습니다.

1에 1을 더하면 2가 되는데 2는 사용할 수 없으므로 왼쪽 자리에 1을 올리고 현재 자리에 0을 써서 10이 됩니다.

$$1 + 1 = 10$$

10에 1을 더하면 11이 됩니다.

$$10 + 1 = 11$$

11에 1을 더하면 100이 됩니다.

$$11 + 1 = 100$$

16진법과 같이 10진법보다 큰 진법에서는 0부터 9까지의 수 외에도 다른 수가 필요합니다. 16진법에서는 A, B, C, D, E, F를 사용하는데, A는 10진수 10을, B는 10진수 11을, …, F는 10진수 15를 의미합니다.

16진수 F에 1을 더하면 16진수 10이 됩니다.

$$F + 1 = 10$$

지금까지 10진법, 8진법, 2진법, 16진법에 대해 살펴보았는데 진법이란 사용할 수 있는 숫자의 개수와 위칫값을 정의해주는 수 체계를 말합니다. 그리고 각각의 진법에 의해 표현한 수를 진수라 합니다.

동영상 확인해보기

다음 이진수와 관련된 언플러그드 활동 동영상을 확인하기 바랍니다.

http://www.youtube.com/watch?v=Jf033A_IBbA

잠깐만!

진법

사용할 수 있는 숫자의 개수와 위칫값을 정의해주는 수 체계

진수
각각의 진법에 의해 표현한 수

수가 무슨 진법의 수인지를 나타내는 일반적인 방법은 오른쪽에 아래 첨자로 해당 진법을 나타내는 것입니다. 그런데 일상에서는 대부분 10진수를 사용하기 때문에 10진수 아래 첨자는 특별한 경우가 아니면 생략하고 사용합니다.

$$56_{10} \quad 56_8 \quad 101_2 \quad A11_{16}$$

다음은 10진수, 8진수, 2진수, 16진수의 관계를 표로 나타낸 것입니다.

10 진수	8 진수	2 진수	16 진수	10 진수	8 진수	2 진수	16 진수
0	0	0	0	11	13	1011	B
1	1	1	1	12	14	1100	C
2	2	10	2	13	15	1101	D
3	3	11	3	14	16	1110	E
4	4	100	4	15	17	1111	F
5	5	101	5	16	20	10000	10
6	6	110	6	17	21	10001	11
7	7	111	7	18	22	10010	12
8	10	1000	8	19	23	10011	13
9	11	1001	9	20	24	10100	14
10	12	1010	A	21	25	10101	15

실전 3-2

도·전·해·보·기

다음 수식을 계산하세요.

❶ $101_2 + 111_2$

❷ $323_4 + 312_4$

❸ $735_8 + 375_8$

❹ $AB_{16} + FA_{16}$

3.2

진법 변환

학습목표  사용자가 10진수를 사용해서 정보를 표현하면 컴퓨터는 2진수로 변환해서 정보를 표현합니다. 어떻게 진수를 변환하는지 알아봅니다.

실전 3-3

 생·각·해·보·기 기본 타일 개수 구하기

기본 타일이 하나인 노란 타일, 기본 타일이 두 개로 이루어진 연두 타일, 기본 타일이 네 개로 이루어진 빨간 타일, 그리고 기본 타일이 여덟 개로 이루어진 파란 타일이 있습니다. 사용된 타일은 1을 적고 사용되지 않은 타일은 0을 적습니다. ②~⑤에서 사용된 전체 기본 타일의 개수를 적으세요. ① 예는 2개짜리 타일이 사용되고 나머지 타일은 사용되지 않았으므로 2가 됩니다.

					타일의 개수
①	0	0	1	0	2
②	0	1	1	0	
③	1	0	0	1	
④	1	0	1	1	
⑤	1	1	1	1	

10진수로의 변환

10진수 234는 2, 3, 4라는 3개의 숫자를 나열해서 나타낸 수입니다.

여기서 2는 100의 개수를 나타내고, 3은 10의 개수를, 그리고 4는 1의 개수를 나타냅니다.
즉, 다음과 같이 나타낼 수 있습니다.

$$234 = 2 \times 100 + 3 \times 10 + 4 \times 1$$

100, 10, 1을 10의 거듭제곱을 이용해서 나타내면 다음과 같습니다. 어떤 수에 0을 거듭
제곱하면 1이므로 1을 10^0으로 나타낼 수 있습니다.

$$234 = 2 \times 10^2 + 3 \times 10^1 + 4 \times 10^0$$

거듭제곱

거듭제곱이란 같은 수 또는 식을 거듭해서 곱한 것을 말합니다. 예를 들어, 2에 대한 3 거듭제곱은 2×2×2로 8이 되며 다음과 같이 나타내는데 2를 밑이라 하고 3을 지수라 합니다.

$$2^3 \cdots\cdots 지수$$
$$\quad\Big|\cdots\cdots 밑$$

이와 같이 모든 수의 각 숫자는 자릿값을 가지고 있는데, 각 숫자의 자릿값은 그 위치가 의미하는 제곱수를 해당 진법에 적용하면 됩니다. 각 위치가 의미하는 제곱수는 가장 오른쪽이 0이고 왼쪽으로 가면서 1을 더한 값이 됩니다.

예를 들어 10진수 3456에서 가장 오른쪽에 위치한 6에 대한 제곱수는 0이고, 바로 왼쪽에 위치한 5에 대한 제곱수는 1, 4에 대한 제곱수는 2, 그리고 가장 왼쪽에 위치한 3에 대한 제곱수는 3이 됩니다. 이 제곱수를 해당 진법인 10에 적용해서 나타내면 다음과 같이 됩니다.

$$3456 = 3 \times 10^3 + 4 \times 10^2 + 5 \times 10^1 + 6 \times 10^0$$

이런 방법을 이용해서 다른 진수를 10진수로 변환하는데, 예를 통해 살펴보겠습니다.

8진수 3456이 갖는 의미는 다음과 같습니다. 8진수이므로 8의 거듭제곱이 됩니다.

$$3456_8 = 3 \times 8^3 + 4 \times 8^2 + 5 \times 8^1 + 6 \times 8^0$$

이 수를 계산하면 10진수 1838이 됩니다.

$$\begin{aligned} 3456_8 &= 3 \times 8^3 + 4 \times 8^2 + 5 \times 8^1 + 6 \times 8^0 \\ &= 1536 + 256 + 40 + 6 \\ &= 1838_{10} \end{aligned}$$

즉 8진수 3456을 10진수로 변환하면 1838이 됩니다.

다른 예인 2진수 10101에 대해 살펴보면 다음과 같이 되어 10진수 21이 됩니다.

$$\begin{aligned} 10101_2 &= 1 \times 2^4 + 0 \times 2^3 + 1 \times 2^2 + 0 \times 2^1 + 1 \times 2^0 \\ &= 16 + 0 + 4 + 0 + 1 \\ &= 21_{10} \end{aligned}$$

지금까지 임의의 진수를 10진수로 변환하는 방법에 대해 살펴보았습니다.

실전 3-4

도·전·해·보·기

다음 수를 10진수로 변환하세요.

❶ 101101_2

❷ 735_8

❸ AF_{16}

 생·각·해·보·기 타일 개수 0과 1로 나타내기

기본 타일이 여덟 개, 네 개, 두 개, 한 개로 이루어진 타일을 이용해서 제시된 수만큼의 타일을 구성하세요. 이때 사용된 타일에는 1을 적고 사용되지 않은 타일에는 0을 적는데, ① 예는 0011이 됩니다.

	타일의 개수				
①	3	0	0	1	1
②	5				
③	7				
④	10				
⑤	13				

10진수를 다른 진수로 변환

10진수를 다른 진수로 변환하려면 10진수를 변환하고자 하는 진수로 몫이 0이 될 때까지 계속해서 나누고 나머지를 역순으로 배열하면 이 값이 변환한 값이 됩니다.

예를 들어 37을 2진수로 변환하려면 다음 (a)와 같이 37을 2로 계속해서 나눕니다. 그리고 나머지를 역순으로 배열하면 100101이 되는데 이 값이 10진수 37을 2진수로 변환한 값이 됩니다. 또 다른 예로 10진수를 8진수로 변환하는 과정은 다음 (b)와 같습니다. 10진수 87을 8진수로 변환하면 127입니다.

$$
\begin{array}{r|l}
2 & 37 \\
\hline
2 & 18 \quad\cdots\cdots 1 \\
\hline
2 & 9 \quad\cdots\cdots 0 \\
\hline
2 & 4 \quad\cdots\cdots 1 \\
\hline
2 & 2 \quad\cdots\cdots 0 \\
\hline
2 & 1 \quad\cdots\cdots 0 \\
\hline
 & 0 \quad\cdots\cdots 1 \\
\end{array}
$$

(a) 37(10진수)을 2진수로

$$
\begin{array}{r|l}
8 & 87 \\
\hline
8 & 10 \quad\cdots\cdots 7 \\
\hline
8 & 1 \quad\cdots\cdots 2 \\
\hline
 & 0 \quad\cdots\cdots 1 \\
\end{array}
$$

(b) 87(10진수)을 8진수로

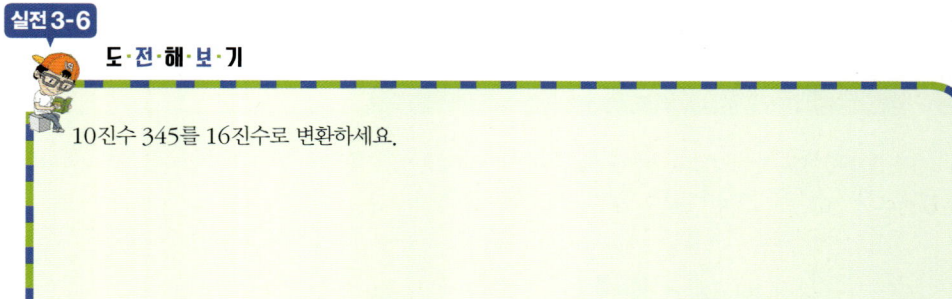

도·전·해·보·기

10진수 345를 16진수로 변환하세요.

2진수의 2ⁿ진수로의 변환

2진수를 4, 8, 16과 같은 2^n진수로 변환하는 방법은 매우 간단합니다.

먼저, 4진수로 변환하는 경우를 생각해보면 2진수 두 자리는 4진수 한 자리와 대응되므로 소수점을 기준으로 두 자리씩 묶어 각 묶음을 4진수로 바꾸면 됩니다.

2 진수	00	01	10	11
4 진수	0	1	2	3

예를 들어 2진수 10110을 소수점을 기준으로 두 자리씩 묶어 변환해 나열하면 4진수가 됩니다.

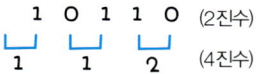

2진수를 8진수로 변환할 때도 2진수 세 자리가 8진수 한 자리와 대응된다는 점을 이용해 소수점을 기준으로 세 자리씩 묶어 각 묶음을 8진수로 바꾸면 됩니다.

2 진수	000	001	010	011	100	101	110	111
8 진수	0	1	2	3	4	5	6	7

2진수 10110을 8진수로 변환하면 다음과 같다.

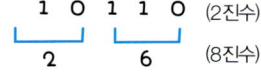

그리고 2진수를 16진수로 변환할 때도 2진수 네 자리는 16진수 한 자리와 대응된다는 점을 이용해 소수점을 기준으로 2진수 네 자리씩 묶어 각 묶음을 16진수로 바꾸면 됩니다.

2 진수	0000	0001	0010	0011	0100	0101	0110	0111	1000	1001	1010	1011	1100	1101	1110	1111
16 진수	0	1	2	3	4	5	6	7	8	9	A	B	C	D	E	F

2진수 10110을 16진수로 변환하면 16진수 16이 됩니다.

$$
\begin{array}{cccc}
1 & 0 & 1 & 1 & 0 \quad \text{(2진수)} \\
1 & & 6 & & \quad \text{(16진수)}
\end{array}
$$

실전 3-7

도·전·해·보·기

2진수 1110101을 4진수, 8진수, 16진수로 변환하세요.

2^n진수의 2진수로의 변환

2^n진수를 2진수로 변환하는 과정은 2진수를 2^n진수로 변환하는 원리를 그대로 이용하면 됩니다. 그래서 4진수는 각 자리를 두 자리 2진수로, 8진수는 세 자리 2진수로, 16진수는 네 자리 2진수로 변환하면 됩니다.

예를 들어, 8진수 61을 2진수로 변환할 때는 다음과 같이 각 자리를 세 자리로 이루어진 2진수로 변환하면 2진수 110001이 됩니다.

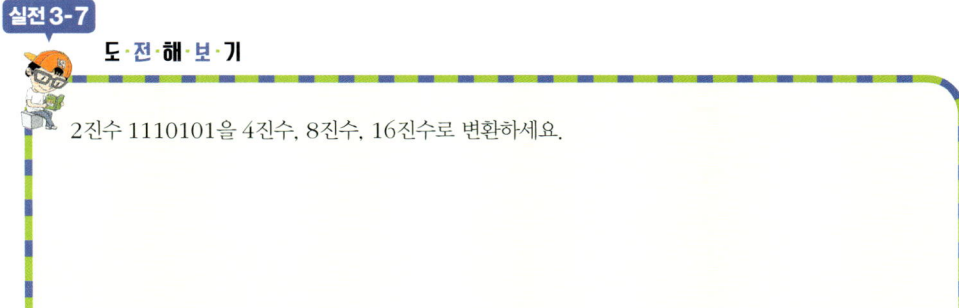

$$
\begin{array}{cc}
6 & 1 \quad \text{(8진수)} \\
110 & 001 \quad \text{(2진수)}
\end{array}
$$

기타 변환

마지막으로 x진수를 p진수로 변환하는 방법에 대해 살펴보겠습니다.

현재까지 10진수를 제외한 x진수를 p진수로 바로 변환하는(예를 들어, 2진수를 7진수로 변환) 방법은 알려져 있지 않습니다. 그러므로 x진수를 먼저 10진수로 변환한 후 p진수로 바꿔야 합니다.

그래서 2진수 1011101을 7진수로 변환할 때는 다음과 같이 먼저 10진수 93으로 변환한 후 이를 다시 7진수 162로 변환해야 합니다.

① 2진수 1011101을 10진수로 변환하면 93이 됩니다.

$$1011101_2 = 1 \times 2^6 + 0 \times 2^5 + 1 \times 2^4 + 1 \times 2^3 + 1 \times 2^2 + 0 \times 2^1 + 1 \times 2^0$$
$$= 93_{10}$$

② 10진수 93을 7진수로 변환하면 162가 됩니다.

```
7 | 93
7 | 13  …… 2
7 |  1  …… 6
     0  …… 1
```

수·준·높·이·기

스크래치 알고리즘(한빛미디어) 책의 8장. 진법 변환을 보세요.

실전 3-8
도·전·해·보·기

8진수 354를 5진수로 변환하세요.

4장

문자 표현

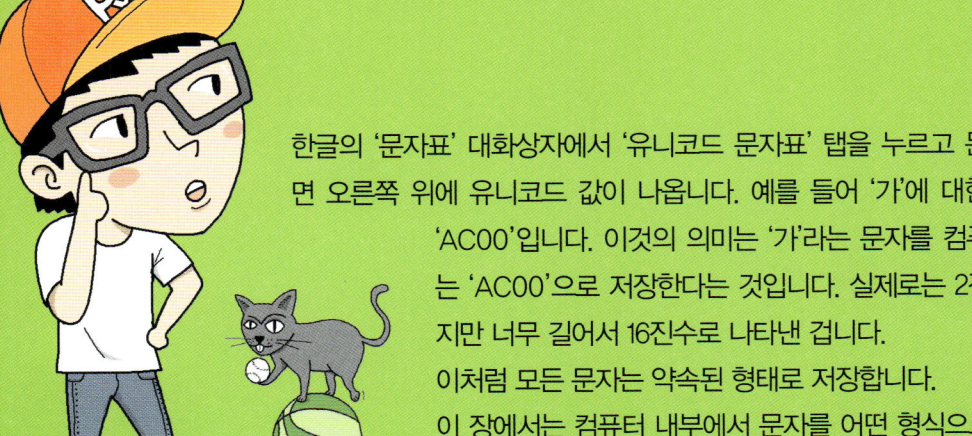

한글의 '문자표' 대화상자에서 '유니코드 문자표' 탭을 누르고 문자를 선택하면 오른쪽 위에 유니코드 값이 나옵니다. 예를 들어 '가'에 대한 유니코드는 'AC00'입니다. 이것의 의미는 '가'라는 문자를 컴퓨터 내부에서는 'AC00'으로 저장한다는 것입니다. 실제로는 2진수로 저장되지만 너무 길어서 16진수로 나타낸 겁니다.

이처럼 모든 문자는 약속된 형태로 저장합니다.

이 장에서는 컴퓨터 내부에서 문자를 어떤 형식으로 저장하는지 살펴보겠습니다.

4.1

2진수로 문자 표현하기

학습목표 컴퓨터 내부에서는 문자를 비롯한 모든 정보를 2진수로 표현합니다. 어떤 개념으로 문자를 2진수로 표현하는지 알아봅니다.

실전 4-1

생·각·해·보·기   전구로 마음 표현하기

다음 표를 참고해서 전구가 어떤 문장을 의미하는지 파악하세요.

A	B	C	D	E	F	G
1	2	3	4	5	6	7
H	I	J	K	L	M	N
8	9	10	11	12	13	14
O	P	Q	R	S	T	U
15	16	17	18	19	20	21
V	W	X	Y	Z		
22	23	24	25	26		

A에서 D까지 네 가지 문자만 사용하는 컴퓨터의 키보드에서 A 키를 누르면 컴퓨터 내부에 1000, B 는 0100, C 는 0010, D 는 0001로 저장된다고 가정합시다.

A → 1000
B → 0100
C → 0010
D → 0001

만약 같은 방식으로 문자를 저장하는 컴퓨터에서 A에서 P까지 총 16자를 표현한다면 한 문자를 표현하는 데 16비트가 필요합니다.

A → 1000000000000000

B → 0100000000000000

C → 0010000000000000

⋮

O → 0000000000000010

P → 0000000000000001

잠깐만!

비트

컴퓨터에서 정보를 나타내는 최소 단위를 비트(bit)라 하는데 0 또는 1값만 가지는 2진수 정보를 표현합니다.

0 또는 1

비트

이런 방법으로 문자를 표현한다면 영문대문자 26자, 영문소문자 26자, 수치문자 10자를 사용하는 컴퓨터에서는 문자 하나를 표현하는 데 62비트가 필요합니다. 따라서 이런 방식으로 문자를 표현하면 공간이 너무 많이 필요하므로 약속된 다른 방법으로 문자를 표현해야 합니다.

A부터 D까지 네 가지 문자만 사용하는 경우, A는 00, B는 01, C는 10, D는 11로 저장하면 문자 하나를 표현하는 데 2비트만 있으면 됩니다.

A → 00

B → 01

C → 10

D → 11

만약 8가지 문자를 사용한다면 다음과 같이 3비트만으로 문자를 표현할 수 있습니다.

A → 000

B → 001

C → 010

D → 011

E → 100

F → 101

G → 111

H → 111

이런 방법으로 문자를 표현하면 62자를 사용하는 컴퓨터에서는 6비트만으로 문자를 표현할 수 있습니다. 앞서 62비트가 필요하던 방식과 비교하면 훨씬 공간을 적게 사용한다는 것을 알 수 있습니다.

실제 컴퓨터에서는 이와 같은 문자 표현 방식을 사용해서 문자를 표현합니다. 그러면 컴퓨터에서 문자를 어떻게 표현하는지 살펴보겠습니다.

4.2

ASCII

학습목표 ASCII는 문자를 2진수로 표현하는 대표적인 방법입니다. ASCII 체계로 문자를 어떻게 표현하는지 알아봅니다.

실전4-1

생·각·해·보·기 사각형으로 이름 표현하기

다음은 각각의 영문자를 7개의 사각형을 이용해서 서로 다르게 나타낸 표입니다. 이 표를 보고 자기 이름을 표현해봅시다.

영문이름

컴퓨터가 만들어진 초기에는 다양한 방법으로 문자를 표현했습니다. 하지만 각 제조사마다 자신만의 방법으로 문자를 표현하다 보니 호환을 비롯한 다양한 문제가 발생했습니다. 이런 문제를 해결하고자 ANSI(미국 국립 표준 협회)에서 ASCII(아스키, 미국 정보 교환 표준 부호)라는 표준 코드 체계를 제시했고 지금도 사용하고 있습니다.

ASCII 코드는 각 문자를 비트 7개로 표현하므로 총 128(= 2^7)개의 문자를 표현할 수 있습니다. 128개는 영문대문자, 영문소문자, 숫자, 구두점, 특수문자를 모두 표현하고도 남는 수입니다.

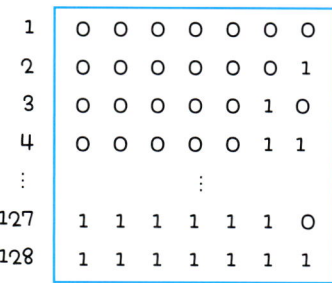

ASCII 코드표는 다음(50쪽)과 같습니다. 표를 보는 방법은 해당 문자의 왼쪽에 있는 2진 코드가 ASCII 코드가 되는 것인데, 예를 들어 문자 'A'의 왼쪽에 있는 1000001이 'A'의 ASCII 코드입니다. 따라서 사용자가 키보드에서 'A'를 입력하면 컴퓨터 내부에는 1000001로 표현됩니다.

영문대문자 'A'와 영문소문자 'a'의 코드는 각각 1000001과 1100001입니다. 10진수로 환산하면 65와 97로 'A'가 'a'보다 32만큼 작습니다. 다른 영문자도 이와 같이 영문대문자 코드가 영문소문자 코드보다 32만큼 작습니다.

- 'A'의 ASCII 코드 : 1000001
- 'a'의 ASCII 코드 : 1100001

하지만 ASCII 코드로는 다양한 나라의 언어를 표현하는 것이 불가능합니다. 이런 문제를 해결하기 위해 제시된 코드가 유니코드인데, 이에 대해 살펴보겠습니다.

실전 4-3

도·전·해·보·기

ASCII 코드로 Programming을 나타내보세요.

ASCII 코드	문자	ASCII 코드	문자	ASCII 코드	문자	ASCII 코드	문자
0000000	NUL	0100000	Space	1000000	@	1100000	`
0000001	SOH (Start of Heading)	0100001	!	1000001	A	1100001	a
0000010	STX (Start of Text)	0100010	"	1000010	B	1100010	b
0000011	ETX (End of Text)	0100011	#	1000011	C	1100011	c
0000100	EOT (End of Transmission)	0100100	$	1000100	D	1100100	d
0000101	ENQ (Enquiry)	0100101	%	1000101	E	1100101	e
0000110	ACK (Acknowledge)	0100110	&	1000110	F	1100110	f
0000111	BEL (Bell)	0100111	'	1000111	G	1100111	g
0001000	BS (Backspace)	0101000	(	1001000	H	1101000	h
0001001	HT (Horizontal Tabulation)	0101001	)	1001001	I	1101001	i
0001010	LF (Line Feed)	0101010	*	1001010	J	1101010	j
0001011	VT (Vertical Tabulation)	0101011	+	1001011	K	1101011	k
0001100	FF (Form Feed)	0101100	,	1001100	L	1101100	l
0001101	CR (Carriage Return)	0101101	-	1001101	M	1101101	m
0001110	SO (Shift Out)	0101110	.	1001110	N	1101110	n
0001111	SI (Shift In)	0101111	/	1001111	O	1101111	o
0010000	DLE (Data Link Escape)	0110000	0	1010000	P	1110000	p
0010001	DC1 (Device Control 1)	0110001	1	1010001	Q	1110001	q
0010010	DC2 (Device Control 2)	0110010	2	1010010	R	1110010	r
0010011	DC3 (Device Control 3)	0110011	3	1010011	S	1110011	s
0010100	DC4 (Device Control 4)	0110100	4	1010100	T	1110100	t
0010101	NAK (Negative Acknowledge)	0110101	5	1010101	U	1110101	u
0010110	SYN (Synchronous Idle)	0110110	6	1010110	V	1110110	v
0010111	ETB (End of Transmission Block)	0110111	7	1010111	W	1110111	w
0011000	CAN (Cancel)	0111000	8	1011000	X	1111000	x
0011001	EM (End of Medium)	0111001	9	1011001	Y	1111001	y
0011010	SUB (Substitute)	0111010	:	1011010	Z	1111010	z
0011011	ESC (Escape)	0111011	;	1011011	[	1111011	{
0011100	FS (File Separator)	0111100	<	1011100	\	1111100		
0011101	GS (Group Separator)	0111101	=	1011101	]	1111101	}
0011110	RS (Record Separator)	0111110	>	1011110	^	1111110	~
0011111	US (Unit Separator)	0111111	?	1011111	_	1111111	DEL

4.3

유니코드

학습목표 유니코드는 다양한 나라의 언어 표현이 가능한 문자 표현 방법입니다. 유니코드 체계로 문자를 어떻게 표현하는지 알아봅니다.

여러 나라의 언어를 표현하고자 만든 코드 체계가 유니코드(unicode)입니다. 유니코드는 사용 중인 운영체제, 프로그램, 언어에 관계없이 문자마다 고유한 코드 값을 제공하는 새로운 개념의 코드로, 언어와 상관없이 모든 문자를 16비트로 표현하므로 최대 65,536(= 2^{16})자를 표현할 수 있습니다. http://www.unicode.org/charts/에서 각 나라별 유니코드를 확인할 수 있습니다.

영문자와 숫자 코드는 http://www.unicode.org/charts/PDF/U0000.pdf에서 제공하는데, 다음은 그 일부입니다. 각 문자 아래에 있는 값이 16진수로 나타낸 코드 값입니다.

	000	001	002	003	004	005	006	007
0	NUL 0000	DLE 0010	SP 0020	0 0030	@ 0040	P 0050	` 0060	p 0070
1	SOH 0001	DC1 0011	! 0021	1 0031	A 0041	Q 0051	a 0061	q 0071
2	STX 0002	DC2 0012	" 0022	2 0032	B 0042	R 0052	b 0062	r 0072

영문대문자 'A'에 대한 유니코드 0041_{16}을 2진수로 변환하면 다음과 같습니다.

0000000001000001

'A'에 대한 ASCII 코드는 다음과 같은데 자릿수만 16비트와 7비트로 차이가 있지 유니코드 값과 ASCII 코드 값은 같다는 걸 알 수 있습니다.

```
1000001
```

한글은 다음과 같이 11,172개의 문자로 표현되는데 이는 초성 19개, 중성 21개, 종성 28개를 곱한 것입니다. 종성은 원래 27개이지만 종성이 없는 경우를 포함해 28개가 되는 것입니다.

초성 19개 × 중성 21개 × 종성 28개 = 11,172개

한글에 대한 유니코드는 http://www.unicode.org/charts/PDF/UAC00.pdf에서 제공하는데, 다음은 그 일부입니다.

QR 코드 확인해보기

유니코드를 바로 보고 싶으면 QR 코드를 찍어보세요.

	AC0	AC1	AC2	AC3	AC4	AC5	AC6	AC7	AC8	AC9	ACA	ACB	ACC
0	가 AC00	감 AC10	갠 AC20	갰 AC30	걀 AC40	걐 AC50	걠 AC60	거 AC70	검 AC80	겐 AC90	겠 ACA0	결 ACB0	겼 ACC0
1	각 AC01	갑 AC11	갡 AC21	갱 AC31	걁 AC41	같 AC51	걡 AC61	걱 AC71	겁 AC81	겑 AC91	겡 ACA1	겶 ACB1	겹 ACC1
2	갂 AC02	값 AC12	갢 AC22	갲 AC32	걂 AC42	갾 AC52	걢 AC62	걲 AC72	겂 AC82	겒 AC92	겢 ACA2	겷 ACB2	겺 ACC2
3	갃 AC03	갓 AC13	갣 AC23	갳 AC33	걃 AC43	걓 AC53	걣 AC63	걳 AC73	것 AC83	겓 AC93	겣 ACA3	겹 ACB3	겻 ACC3

'가'는 $AC00_{16}$으로 표현됨을 의미합니다.

실전 4-4

도·전·해·보·기

유니코드로 '대한민국'을 나타내보세요.

5장

숫자 표현

우리는 일반적으로 수를 10진수 형태로 표현합니다. 그러나 모든 정보를 2진수로 표현하는 컴퓨터는 수 역시 2진수로 표현합니다. 그리고 우리는 수를 나타낼 때 자릿수에 제한을 두지 않고 원하는 수를 나타냅니다. 그러나 컴퓨터는 기억 공간이 제한적이므로 수를 제한된 공간 내에 나타냅니다.

이 장에서는 컴퓨터 내부에서 수를 어떻게 표현하는지 살펴보겠습니다.

5.1

정수 표현하기

학습목표  컴퓨터 내부에서는 정수도 2진수로 표현합니다. 대표적인 정수 표현 방법인 2의 보수 표기법으로 어떻게 표현하는지 알아봅니다.

실전 5-1

 생·각·해·보·기 2진수로 정수 표현하기

컴퓨터 내부에서는 정수도 2진수로 표현합니다. 4비트로 된 2진 정보에 대한 10진 값이 왼쪽 표와 같을 때 다음 비어 있는 10진 값을 적어봅시다.

2진 정보	10진 값		2진 정보	10진 값
0011	3		0000	
0101	5		0111	
1001	-1		1011	
1100	-4		1111	

일상에서 정수를 표현할 때는 자릿수에 제한을 두지 않고 원하는 수를 마음대로 나타낼 수 있습니다.

$$777$$
$$-1234567890123456789$$

그러나 컴퓨터의 기억 공간은 제한적이므로 하나의 정수를 나타낼 기억 영역도 제한적입니다. 시스템에 따라 약간의 차이가 있지만, 대부분 32비트로 정수를 표현합니다.

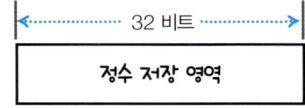

컴퓨터에서 정수를 표현하는 대표적인 방법은 2의 보수(2's complement) 표기법이므로

이 방법에 대해 살펴보겠습니다. 일반적으로 32비트로 표현하지만 이해를 돕고자 4비트로 표현한다고 가정하겠습니다. 양수와 음수를 표현하는 방식에 차이가 있으므로 구분해서 살펴보겠습니다.

우선 양수에 대해 살펴보면, 가장 왼쪽에 있는 비트(최상위 비트라 함)를 0으로 하여 양수임을 표시하고, 나머지 3개의 비트를 이용해서 해당 수를 2진수 형식으로 표현합니다. 다음은 이를 나타낸 것인데 보시다시피 4비트에서는 7보다 큰 수는 표현이 불가능합니다.

잠깐만!

최상위 비트
하나의 데이터를 나타내는 비트 열 중 가장 왼쪽에 위치한 비트를 뜻합니다.

표현	값
0111	7
0110	6
0101	5
0100	4
0011	3
0010	2
0001	1
0000	0

음수를 표현하는 방법은 −5를 예로 들어 살펴보겠습니다.

우선 5를 4비트로 표현합니다. 그리고 0은 1로, 1은 0으로 바꾸고, 1을 더합니다. 그러면 1011이 되는데, 이 표현이 −5를 2의 보수 표기법으로 나타낸 것입니다.

잠깐만!

2의 보수 표기법
컴퓨터에서 정수를 표현하고자 사용하는 가장 대표적인 표기법입니다. 최상위 비트를 부호 비트로 사용해 0이면 양수, 1이면 음수를 뜻합니다.

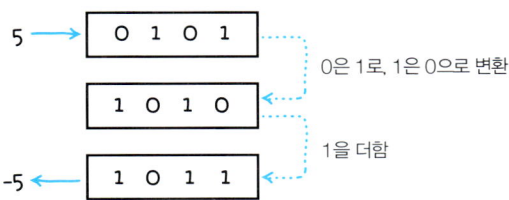

이런 방법으로 음수를 표현하면 다음과 같은데 이렇게 4비트로 음수를 표현할 때 표현할 수 있는 수는 −8에 불과합니다. −9는 표현이 불가능합니다.

표현	값
1111	−1
1110	−2
1101	−3
1100	−4
1011	−5
1010	−6
1001	−7
1000	−8

앞의 두 표를 자세히 보면 양수는 최상위 비트가 0이고, 음수는 1입니다. 따라서 2의 보수 표기법에서 최상위 비트를 부호 비트라 합니다. 양수는 0이 되고 음수는 1이 됩니다.

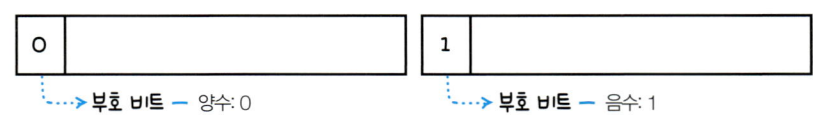

이와 같이 4비트로 정수를 표현하는 시스템에서 다음 연산을 수행하면 결과는 어떻게 될까요?

$$7 + 1 = ?$$

8이라 생각할 수 있지만 그렇지 않습니다. 7인 0111과 1인 0001을 더하면 1000이 됩니다. 앞의 표에서 1000은 어떤 수인가요? 네, 바로 −8입니다. 이처럼 저장할 공간이 부족해 엉뚱한 결과가 나오는 것을 오버플로(overflow)라 합니다.

근래에 오버플로에 얽힌 재미있는 일이 있었습니다. 2012년, 가수 싸이가 발표한 노래 '강남스타일'은 유튜브에서 엄청난 조회수를 기록하며 전 세계의 이목을 집중시켰습니다. 조회수가 20억이 넘었으니 그럴 만도 하죠. 그런데 2014년 갑자기 강남스타일의 조회수가 −21억4748만3648로 바뀌었습니다. 갑자기 음수가 되어버린 조회수에 유튜브 사용자들은 놀랐습니다. 이건 바로 조회수가 32비트에서 최대로 표현할 수 있는 숫자를 넘어버린 탓에 오버플로가 된 것입니다. 잠깐 이 기이한 조회수는 네티즌 사이에서 화제가 됐고 이후 유튜브를 관리하는 구글에서 조회수를 64비트로 바꾸면서 지금은 정상적으로 보입니다.

이 책에서 배우는 내용이 생각보다 우리 가까이에 있다는 생각이 드나요?

4비트를 8비트로 확장해서 표현하면 다음 표와 같이 됩니다.

표현	값
01111111	127
01111110	126
01111101	125
⋮	⋮
00000001	1
00000000	0
11111111	−1
11111110	−2
⋮	⋮
10000001	−127
10000000	−128

4비트에서 표현할 수 있는 최댓값은 7(= 2^3-1)이고, 최솟값은 −8(= -2^3)입니다. 그리고 8비트에서 표현할 수 있는 최댓값은 127(= 2^7-1)이고, 최솟값은 −128(= -2^7)입니다. 이 것을 n비트로 일반화하면 표현할 수 있는 수의 범위는 다음과 같습니다.

$$-2^{n-1} \sim 2^{n-1}-1$$

실전 5-2

도·전·해·보·기

−57을 2의 보수 표기법으로 나타내보세요. 단, 8비트로 표현하세요.

5.2

부동소수점 수 표현하기

학습목표 컴퓨터 내부에서는 소수점부가 있는 수도 2진수로 표현합니다. 정수를 표현하는 방법과는 차이가 있는데 어떻게 소수점부가 있는 수를 표현하는지 알아봅니다.

다음과 같이 소수점부를 가지고 있는 수를 부동소수점 수라 하는데, 부동소수점 수 역시 컴퓨터 내부에서는 제한된 공간에서 2진수 형태로 표현됩니다.

> 23.45
> 3.141592
> 0.8×10^{-5}

특히 세 번째 예와 같은 지수 형식은 다음과 같이 가수(mantissa), 밑수(base), 지수(exponent)의 3개의 부분으로 이루어집니다.

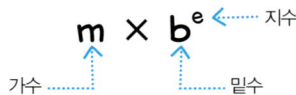

컴퓨터 내부에 부동소수점 수를 표현할 때는 이런 지수 형식을 이용해 4나 8바이트로 표현하는데, IEEE 754 표준에는 다음과 같이 8비트 지수의 4바이트 형식인 단정도 형식과 11비트 지수의 8바이트 형식인 배정도 형식 두 가지로 정의되어 있습니다. 단 밑수는 2로 정해져 있기 때문에 별도로 표현할 필요가 없습니다.

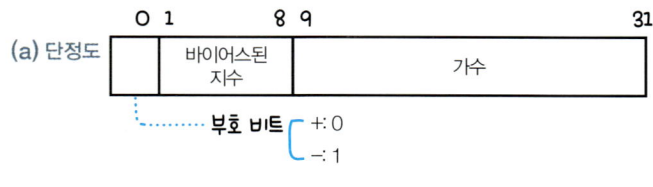

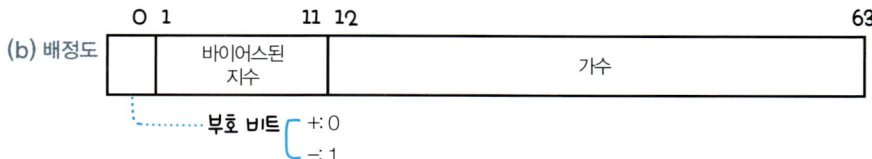

그러면 다음 수가 컴퓨터 내부에서 어떻게 표현하는지를 살펴보겠습니다.

$$-0.001101_2 \times 2^2$$

우선 가수가 다음과 같은 형식이 되도록 변환해야 합니다.

$$\pm 1.\text{xxx} \times 2^x$$

그러기 위해 다음과 같이 가수를 왼쪽으로 세 자리 이동시키고, 지수 값을 3 감소시킵니다. 이러한 동작을 '정규화한다'고 합니다

$$-0.0011011_2 \times 2^2 = -1.101_2 \times 2^{-1}$$

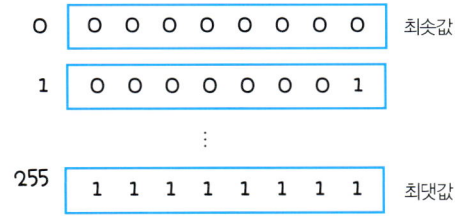

그리고 8비트로 표현되는 지수는 바이어스된(biased) 표현법인데, 실제 지수에 바이어스 상수라 불리는 고정된 값을 더하면 구해집니다.

지수 + 바이어스 상수 ⋯▶ 바이어스된 지수

바이어스된 지수는 음의 지수를 나타내고자 고안된 방법입니다. 만약 바이어스 개념이 없다면 8비트로 표현할 수 있는 지수의 범위는 0부터 255까지고, 음의 지수는 표현할 수 없습니다.

바이어스 상수

n비트일 때 $2^{n-1}-1$ 이 바이어스 상수이다. 따라서 8비트일 때는 127이다.

$2^{8-1}-1 = 2^7-1$
$= 127$

0	0 0 0 0 0 0 0 0	최솟값
1	0 0 0 0 0 0 0 1	
⋮		
255	1 1 1 1 1 1 1 1	최댓값

그러나 바이어스된 표현법을 사용하면 8비트에서 바이어스 상수는 127이 되고 결국 지수는 −127부터 128까지 나타낼 수 있습니다.

IEEE 754 표준에서 바이어스는 127이므로 앞의 예에 이어서 적용하면 현재 지수인 −1에 127을 더하면 바이어스된 지수 126을 구할 수 있습니다.

−1 + 127 ⋯▶ 126

지수 ⋯⋯⋯⋯
바이어스된 상수 ⋯⋯⋯⋯
바이어스된 지수 ⋯⋯⋯⋯

실제 지수	바이어스된 지수									
-127	0	0	0	0	0	0	0	0	0	최솟값
-126	1	0	0	0	0	0	0	0	1	
⋮										
0	127	0	1	1	1	1	1	1	1	
1	128	1	0	0	0	0	0	0	0	
⋮										
128	255	1	1	1	1	1	1	1	1	최댓값

그러면 모든 준비 작업은 끝났고, 4바이트 2진수 형태로 표현하기만 하면 되는데, 표현하기에 앞서 정리해보면 다음과 같습니다.

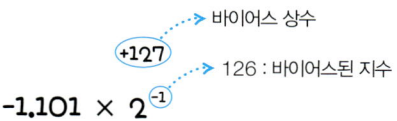

그러면 본격적으로 표현해보겠습니다.

먼저 부호 비트를 나타내야 하는데, 가수가 음수므로 첫 번째 비트(최상위 비트)가 1이 됩니다. 다음으로 8비트 영역에 바이어스된 지수를 나타내야 합니다. 바이어스된 지수 126을 8비트로 나타내면 01111110이 됩니다. 마지막으로, 가수를 우측 23비트에 표현하면 되는데, 가수 1.101에서 소수점 아래 부분인 101을 나타내면 됩니다. 물론 나머지 가수 부분은 0으로 채웁니다.

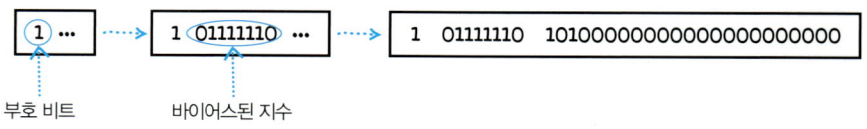

지금까지 컴퓨터 내부에서 정수와 부동소수점 수가 어떻게 표현되는지 살펴보았습니다.

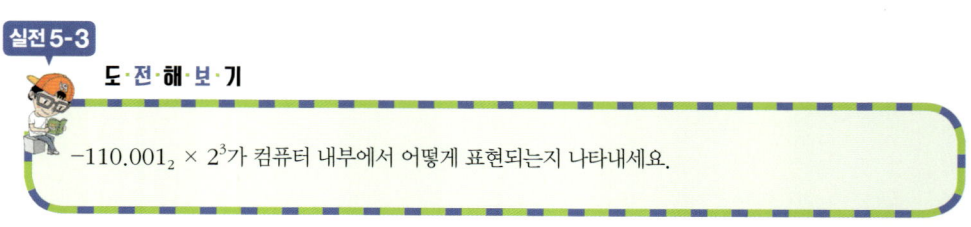

실전 5-3

도·전·해·보·기

$-110.001_2 \times 2^3$가 컴퓨터 내부에서 어떻게 표현되는지 나타내세요.

6장

반복 구조

어느 놀이공원의 바이킹은 1회 이용시 50회 왕복 동작을 합니다. 이 바이킹은 왕복 동작을 할 때마다 횟수를 헤아리다가 50회가 되면 동작을 멈추게 됩니다. 이와 같이 임의의 조건을 만족할 때까지 어떤 동작을 반복하는 프로그램 구조를 반복 구조라 합니다.

이 장에서는 반복 구조에 대해 살펴보고, 반복 구조를 사용하는 프로젝트를 만들어보겠습니다.

6.1

반복 구조란

학습목표 같은 일을 반복해서 실행하는 경우에는 반복 구조를 사용하는 것이 바람직합니다. 다양한 형식의 반복 구조에 대해 알아봅니다.

다음은 1장에서 살펴본 스프라이트가 삼각형 모양의 이동 경로를 보이며 움직이도록 하는 스크립트입니다. 이 스크립트를 자세히 보면 블록 네 개가 세 번 반복됩니다.

만약 세 번이 아니라 백 번 반복하려면 블록을 백 번이나 연결해야 할까요? 생각만 해도 눈 앞이 캄캄해집니다. 그러나 다행히도 스크래치를 포함해 프로그래밍 언어 대부분에서는 반복 구조를 제공하고 있어서 간단히 해결할 수 있습니다.

반복 구조란 특정 부분을 반복해서 실행하는 구조를 말하는데 프로그래밍 언어에 따라 다양한 형식의 반복 구조가 있으므로 여기서는 스크래치를 중심으로 살펴보겠습니다.

첫 번째 반복 구조는 다음과 같은데, 반복 횟수만큼 블록 안에 위치한 블록을 반복해서 실행합니다. 다음 예는 10만큼 움직이는 동작을 5번 반복합니다.

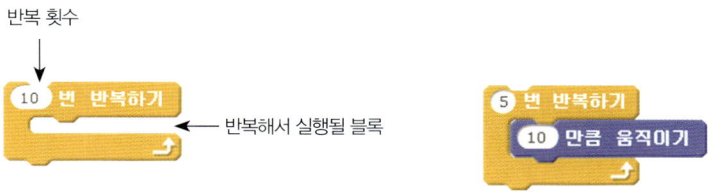

두 번째 반복 구조는 다음과 같은데, 블록 안에 위치한 블록을 계속해서 반복 실행합니다. 예는 0.5초 간격으로 앞 뒤로 움직이는 동작을 계속해서 반복합니다.

마지막 반복 구조는 다음과 같은데, '조건식'이 참이 될 때까지 블록 안에 위치한 블록을 반복 실행합니다. 다음 예는 마우스 포인터에 닿을 때까지 위 아래로 움직이는 동작을 반복합니다.

다음 절에서는 이처럼 다양한 쓰임새가 있는 반복 구조를 이용한 프로젝트를 만들어보겠습니다.

6.2

프로젝트 반복 구조로 움직이는 고양이

학습목표 반복 구조 사용 방법을 이해하기 위해 반복해서 움직이는 고양이 프로젝트를 만들어봅니다.

실전 6-1

 생·각·해·보·기 고양이가 어떻게 움직일까?(2)

시키는 대로 움직이는 고양이가 있습니다. 고양이가 다음 [지시사항]을 수행하면 어떻게 움직일지 이동 경로를 손으로 그려보세요.

[지시사항]

다음을 3번 반복한다.
1. 앞으로 1m 이동한다.
2. 시계 방향으로 120도 회전한다.

반복 구조를 사용하여 삼각형 모양의 이동 경로를 보이며 움직이는 동작을 반복하는 프로젝트를 만들어보겠습니다.

1 기본 스프라이트를 삭제하고, 스프라이트 저장소의 'Cat2'를 이용해서 새로운 스프라이트를 만듭니다.

2 [형태] 카테고리의 [크기를 100 % 로 정하기] 를 이용해서 스프라이트의 크기를 70%로 설정하고, (−100, 100) 좌표 위치로 이동하도록 합니다.

실전 6-2

3 같은 동작을 3번 반복 실행하도록 하려면 (1) 에 [보기] 중 어떤 내용이 들어가는 것이 바람직할까요?

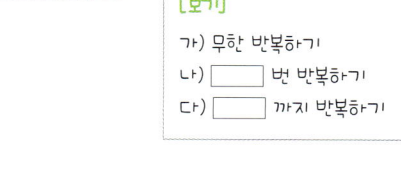

[보기]

가) 무한 반복하기
나) ☐ 번 반복하기
다) ☐ 까지 반복하기

4 200만큼 움직이고 시계 방향으로 120도만큼 회전하는 블록을 반복 블록 안에 넣습니다. 실행하면 삼각형 모양의 이동 경로를 나타내며 움직이는 걸 확인할 수 있습니다.

5 블록을 이용해서 삼각형 모양의 이동 경로를 나타내며 움직이는 동작을 계속해서 반복하도록 합니다. 완성된 프로젝트를 실행해보세요.

실전 6-3

도·전·해·보·기

사각형 모양의 이동 경로를 나타내며 움직이는 동작을 반복하는 프로젝트를 만들어보세요.

프로젝트 1부터 5까지 합

학습목표 반복 구조를 이용해서 1부터 5까지의 합을 구하는 프로젝트를 만들어봅니다. 이 프로젝트는 반복 구조를 이해하는 데 많은 도움을 줄 겁니다.

1 왼쪽은 1부터 5까지의 합을 구해 sum에 저장해서 출력하는 스크립트입니다.

2 그런데 자세히 보면 1, 2, 3, 4, 5 숫자만 다르지 왼쪽 블록이 반복되는 것을 알 수 있습니다.

3 이런 때에는 이렇게 조건식이 참이 될 때까지 반복하는 반복 구조를 사용하는 것이 바람직합니다.

4 그런데 문제는 1, 2, 3, 4, 5를 어떻게 나타내느냐인데, 이때 변수가 필요합니다.

변수 a 값을 처음에는 1로 했다가 1씩 증가시키면서 5가 될 때까지 반복하도록 하고 a 값을 sum에 더해가면 됩니다.

실전 6-4

5 그렇다면 a 값이 5가 될 때까지 sum에 더하려면 (2)에 어떤 내용이 들어가야 할까요? 꼼꼼하게 생각해보고 [보기]에서 선택하세요.

[보기]

가) a > 5

나) a = 5

다) a < 5

실전 6-5

도·전·해·보·기

5부터 10까지의 합을 구하는 프로젝트를 만들어보세요.

7장

조건 구조

버스를 타면 저마다 요금이 다릅니다. 손님이 성인이냐, 유아냐, 초등
학생이냐, 또는 중고등학생이냐에 따라서 지불해야 하
는 요금이 다릅니다. 이처럼 조건에 따라 처리하는 내
용이 달라지는 프로그램 구조를 조건 구조라 합니다.
이 장에서는 조건 구조에 대해 살펴보고, 조건 구조를
사용하는 프로젝트를 만들어보겠습니다.

7.1 조건 구조란

학습목표  조건에 따라 처리해야 하는 문장이 다를 경우에는 조건 구조를 사용해야 합니다. 두 가지 형식의 조건 구조에 대해 알아봅니다.

실전 7-1

 생·각·해·보·기 자동차는 어느 출구로 나갈까?

자동차가 B에서 출발하여 앞쪽으로 갑니다. 단, 벽을 만나면 다음 [조건]에 따라 움직이고 다시 앞쪽으로 갑니다. 자동차는 어느 출구로 나갈까요?

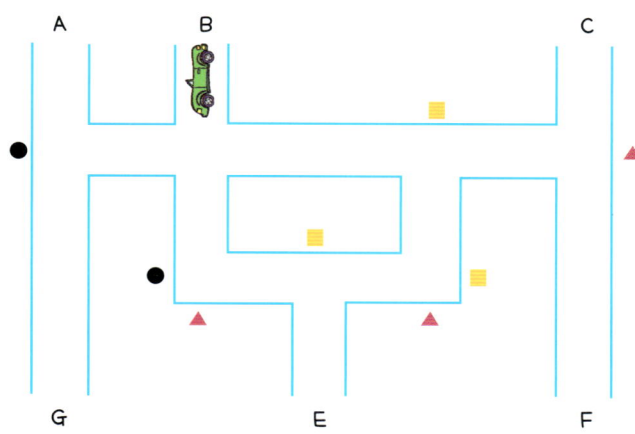

[조건]
- ▲ 를 만나면 오른쪽으로 90도 회전한다.
- ■ 를 만나면 왼쪽으로 90도 회전한다.
- ● 를 만나면 180도 회전한다.

동전을 100번 던져서 앞면과 뒷면이 나온 횟수를 구하는 프로그램을 생각해봅시다.

이런 경우 앞면이 나오면 앞면 나온 횟수를 저장하는 변수의 값을 1 증가시키고, 그렇지 않고 뒷면이 나오면 뒷면 나온 횟수를 저장하는 변수의 값을 1 증가시켜야 합니다.

이처럼 조건에 따라 처리하는 내용이 달라져야 하는 경우에 조건 구조를 사용합니다.

조건 구조는 조건에 따라 둘 또는 그 이상의 실행 경로 중에서 하나를 선택할 수 있는 수단을 제공하는 구조로 단순 if 구조와 if-else 구조가 있습니다.

단순 if 구조 형식은 다음과 같은데, '조건식'이 참이면 '문장'을 실행하고 '조건식'이 거짓이면 '문장'을 실행하지 않습니다. 앞으로도 종종 보겠지만 조건식은 다음처럼 표현합니다. 이런 표현식은 다른 언어에서도 통용되니 잘 기억해두길 바랍니다.

```
if (조건식) then
    문장
```

스크래치에서 단순 if 블록은 다음과 같은데, '조건식'이 참이면 블록 안에 위치한 블록을 실행하고 거짓이면 블록 안에 위치한 블록을 실행하지 않습니다.

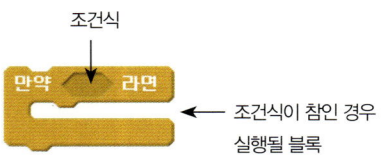

조건식

조건식이 참인 경우
실행될 블록

다음은 간단한 예로, 현재 스프라이트가 '보물' 스프라이트에 닿으면 '점수' 값이 1 증가됩니다.

만약 보물 ▼ 에 닿았는가? 라면
점수 ▼ 을(를) ① 만큼 바꾸기

또 다른 조건 구조인 if-else 구조 형식은 다음과 같은데, '조건식'이 참이면 '문장1'을 실행하고 '조건식'이 거짓이면 '문장2'를 실행합니다.

```
if (조건식) then
    문장1
else
    문장2
```

스크래치에서 if-else 블록은 다음과 같은데, '조건식'이 참이면 위쪽 안에 위치한 블록을 실행하고 '조건식'이 거짓이면 아래쪽 안에 위치한 블록을 실행합니다.

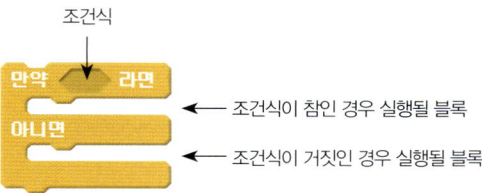

다음은 두 수 중 큰 수를 판별하는 예로, a가 b보다 크면 max에 a 값을 저장하고 그렇지 않으면 max에 b 값을 저장합니다.

다음 절에서는 조건에 따라 처리하는 내용이 달라지는 조건 구조를 이용한 프로젝트를 만들어보겠습니다.

7.2

프로젝트 합격 불합격 판별하기

학습목표 조건 구조 사용 방법을 이해하기 위해 평균 성적에 따라 합격 또는 불합격을 판별하는 프로젝트를 만들어봅니다.

수학과 정보 성적을 입력받아 평균 성적이 70점 미만이면 '불합격'을 말하고 70점 미만이 아니면 '합격'을 말하는 프로젝트를 작성하겠습니다.

1 사용자로부터 수학 성적과 정보 성적을 입력받아 '수학'과 '정보'에 저장하고 두 성적에 대한 평균 성적을 구해 '평균'에 저장합니다. 평균은 두 과목 성적 합계를 과목 수로 나누면 구할 수 있습니다.

실전 7-2

2 '평균'이 70점 미만이면 평균과 함께 '불합격'을 말하고, 그렇지 않으면 평균과 함께 '합격'을 말하도록 하려 합니다. 그렇다면 ◯ 1 ◯ 에 어떤 블록이 들어가야 할지 [보기]에서 선택하세요.

[보기]

가) 평균 < 70

나) 평균 = 70

다) 평균 > 70

7.3

프로젝트 동전 던지기

 **학습목표** 조건 구조를 이용해서 동전을 던져 앞면과 뒷면이 나온 횟수를 세는 프로젝트를 만들어봅니다.

사용자로부터 동전을 던질 횟수를 입력받아 동전 던질 횟수만큼 동전을 던진 후 앞면과 뒷면이 나온 횟수를 말하는 프로젝트를 작성하겠습니다.

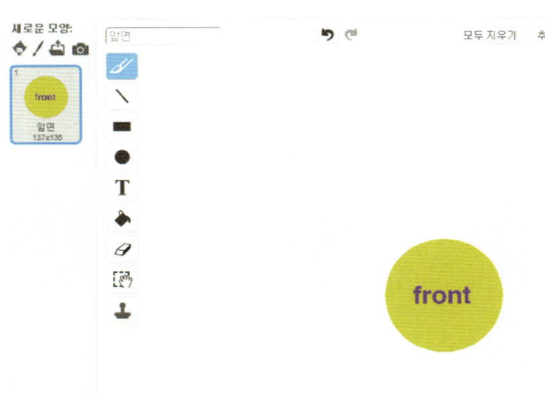

1 기본 스프라이트를 삭제하고 [새로운 스프라이트]의 '새 스프라이트 색칠' 버튼을 눌러 다음과 같은 동전 앞면을 의미하는 모양을 만들고 이름을 '앞면'으로 합니다.

2 [새로운 모양]의 '모양 새로 그리기' 버튼을 눌러 왼쪽처럼 동전 뒷면을 의미하는 모양을 만들고 이름을 '뒷면'으로 합니다.

3 '앞면횟수'와 '뒷면횟수' 변수를 0으로 초기화하고 사용자로부터 동전을 던질 횟수를 입력받아 '반복횟수'에 저장합니다. 그리고 '반복횟수'만큼 반복하는 구조를 만듭니다.

4 동전이 앞면인지 아닌지에 따라 처리하는 내용이 달라지는 구조를 만듭니다.

실전 7-3

5 1 또는 2 중 하나의 수를 무작위로 생성해서 1이면 모양을 '앞면'으로 바꾸고 '앞면횟수'를 1 증가시키고, 1이 아니면 모양을 '뒷면'으로 바꾸고 '뒷면횟수'를 1 증가시키려 합니다. 그렇다면 (2) ~ (6)에 어떤 블록이 들어가야 할지 [보기]에서 선택하세요.

[보기]

가) 1 부터 2 사이의 난수 = 1

나) 모양을 앞면 ▼ (으)로 바꾸기

다) 모양을 뒷면 ▼ (으)로 바꾸기

라) 앞면횟수 ▼ 을(를) 1 만큼 바꾸기

마) 뒷면횟수 ▼ 을(를) 1 만큼 바꾸기

6 0.2초 후에 반복하도록 하고, 반복이 모두 끝나면 '앞면횟수'와 '뒷면횟수'를 말합니다. 드디어 프로젝트를 완성했습니다.

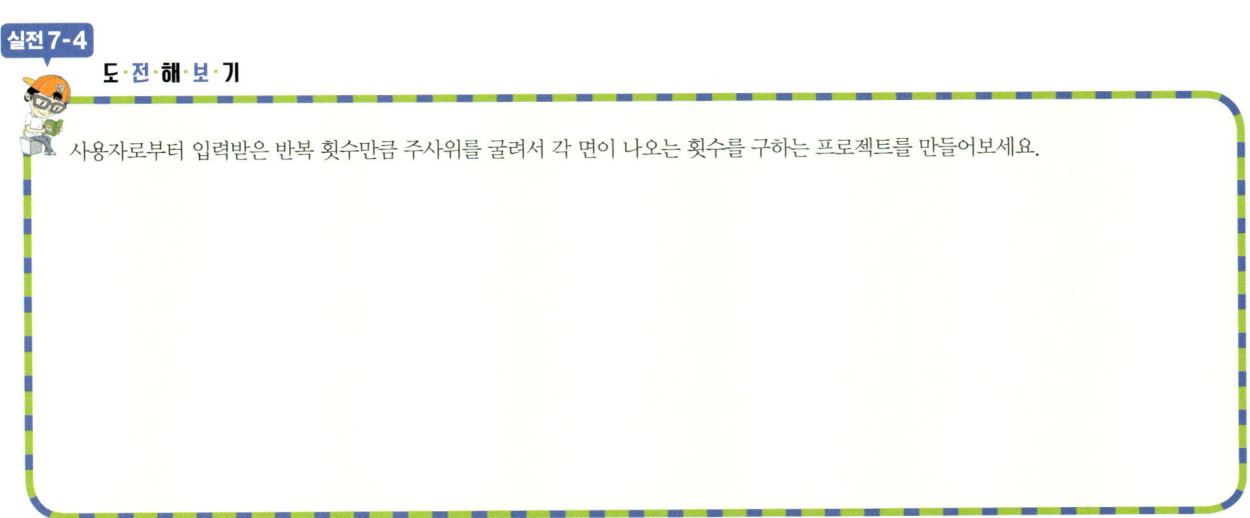

실전 7-4

도·전·해·보·기

사용자로부터 입력받은 반복 횟수만큼 주사위를 굴려서 각 면이 나오는 횟수를 구하는 프로젝트를 만들어보세요.

8장

논리

스크래치 사이트나 이 책의 카페(http://cafe.naver.com/scratch-programming)에 접속하려고 로그인을 할 때는 늘 아이디와 비밀번호 모두 정확해야 로그인을 할 수 있습니다. 이와 같이 두 가지 이상의 조건을 요구하는 경우에 사용하는 연산이 논리 연산입니다.

이 장에서는 논리 연산에 대해 살펴보고, 논리 연산을 이용하는 스크래치 프로젝트를 만들어보겠습니다.

8.1

논리 연산

학습목표 참과 거짓에 대해 논리 동작을 다루는 논리 연산에 대해 알아봅니다.

실전 8-1

 생·각·해·보·기 놀이공원 입장료 표로 정리하기

놀이공원 입장료가 8세 미만은 무료, 8세 이상부터 60세 미만은 5,000원, 60세 이상은 무료입니다. 이 내용을 표로 나타낼 때 ①~④에 들어가야 할 내용을 [보기1]에서 선택하고, ⓐ, ⓑ에 들어가야 할 내용을 [보기2]에서 선택하세요.

나이			입장료
①	ⓐ	②	무료
③	ⓑ	④	5,000원

[보기1]	[보기2]
1. 8세 미만	9. 또는
2. 8세 이하	10. 그리고
3. 8세 이상	11. 아님
4. 8세 초과	
5. 60세 미만	
6. 60세 이하	
7. 60세 이상	
8. 60세 초과	

논리 연산은 참과 거짓에 대해 논리 동작을 다루는 연산입니다. 대표적인 논리 연산으로는 OR 연산, AND 연산, NOT 연산이 있습니다. 그러면 이에 대해 살펴보겠습니다.

잠깐만!

논리 연산
참과 거짓에 대해 논리 동작을 다루는 연산

OR 연산
두 식 중 하나만이라도
참이면 전체 결과가 참
이 되는 연산

OR 연산

77쪽 '생각해보기'에서 나이가 8세 미만이면 입장료가 무료이고 60세 이상인 경우에도 입장료가 무료라고 했습니다. 입장료가 무료인 이 두 조건을 하나로 나타내면 다음과 같은데, 8세 미만이라는 조건과 60세 이상이라는 조건 중 하나만이라도 참이면 입장료는 무료가 됩니다.

이와 같이 두 식 중 하나만이라도 참이면 전체 결과가 참이 되는 연산을 OR 연산이라 하고 다음과 같이 나타냅니다.

A OR B   A+B

A+B의 입력과 출력 관계를 표로 나타내면 다음과 같습니다.

A	B	A+B
거짓	거짓	거짓
거짓	참	참
참	거짓	참
참	참	참

논리 연산에서는 참과 거짓을 숫자로 표기할 수 있는데 1이 참을, 0이 거짓을 의미합니다. 표에 있는 참과 거짓을 0과 1로 나타내볼까요?

A	B	A+B
0	0	0 ⟵……… 거짓
0	1	1 ⟵……… 참
1	0	1
1	1	1

이 OR 연산을 그대로 프로그래밍 언어에서도 사용하는데 사용 형식은 다음과 같습니다. '식1'과 '식2'이 있을 때 이 중 하나만 참이면 참으로 처리합니다. 거짓은 식이 모두 거짓일 때만 거짓으로 처리합니다.

식1 or 식2

스크래치에서 OR 연산을 하는 블록은 다음과 같습니다.

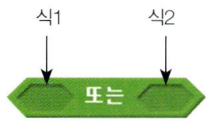

다음은 OR 연산 블록을 사용한 예로, '나이'가 60보다 크거나 같으면, 즉 60 이상이면 참이 되고, 그렇지 않으면 거짓이 되는 식입니다.

AND 연산

'생각해보기'에서 나이가 8세 이상 60세 미만은 입장료가 5,000원이라 했습니다. 입장료가 5,000원인 경우를 식으로 나타내면 다음과 같은데, 8세 이상이면서 동시에 60세 미만이어야 입장료가 5,000원이 되는 겁니다.

이 경우처럼 두 식 모두 참이어야 전체 결과가 참이 되는 연산을 AND 연산이라 하고 다음과 같이 나타냅니다.

A AND B   A · B   AB

A · B의 입력과 출력 관계를 표로 나타내면 다음과 같습니다. 1은 참, 0은 거짓을 나타냅니다.

잠깐만!

AND 연산
두 식 모두 참이어야 전체 결과가 참이 되는 연산

A	B	A·B
0	0	0
0	1	0
1	0	0
1	1	1

프로그래밍 언어의 AND 연산의 사용 형식은 다음과 같은데, '식1'과 '식2' 둘 다 참이면 참이 되고, 하나라도 거짓이면 거짓이 됩니다.

식1 and 식2

스크래치에서 AND 연산을 하는 블록은 다음과 같은데, '식1'과 '식2' 둘 다 참인 경우에만 참이 됩니다.

식1   식2

그리고

8세 이상은 8보다 크거나 같아야 하니  으로 표현합니다. 다음은 AND 연산 블록과 OR 연산 블록을 모두 사용한 예로, '나이'가 8세 이상이면서 60세 미만이면 참이 되고, 그렇지 않으면 거짓이 되는 식입니다.

NOT 연산

잠깐만!

NOT 연산
식이 참이면 거짓이 되고, 식이 거짓이면 참이 되는 연산

놀이공원은 월요일에만 운영하지 않습니다. 즉 월요일을 제외한 나머지 모든 요일에는 운영을 합니다. 이때 '월요일이 아닌 다른 날'을 다음과 같이 표현할 수 있습니다.

이 경우처럼 식이 참이면 거짓이 되고 거짓이면 참이 되는 연산을 NOT 연산이라 하고 다음과 같이 나타냅니다.

NOT A   A' $\overline{A}$

A'의 입력과 출력 관계를 표로 나타내면 다음과 같습니다. 역시 1은 참, 0은 거짓입니다.

A	A'
0	1
1	0

프로그래밍 언어의 NOT 연산의 사용 형식은 다음과 같은데, '식'이 참이면 거짓이 되고, 거짓이면 참이 됩니다.

not 식2

스크래치에서 NOT 연산을 하는 블록은 다음과 같습니다.

식

가(이) 아니다

다음은 NOT 연산 블록을 사용한 예로, '요일'이 월요일이 아니면 참이 되고, 월요일이면 거짓이 되는 식입니다.

다음 절에서는 논리 연산을 이용한 프로젝트를 만들어보겠습니다.

8.2

프로젝트 놀이공원 입장료

 학습목표 지금까지 배운 논리 연산을 모두 이용해서 놀이공원 입장료를 구하는 프로젝트를 만들어봅니다.

사용자가 놀이공원을 방문할 요일을 입력받아 월요일이면 영업을 하지 않는다는 말을 하고, 월요일이 아니면 다음으로 넘어가 나이를 입력받은 후 이용 요금을 말하는 프로젝트를 작성해보겠습니다. 놀이공원 이용 요금은 다음과 같습니다.

나이	요금
8세 미만, 60세 이상	무료
8세 이상~60세 미만	5,000원

1 사용자로부터 놀이공원을 방문할 요일을 입력받아 '요일'에 저장합니다.

```
클릭했을 때
이용할 요일을 입력하세요. 묻고 기다리기
요일 ▼ 을(를) 대답 로 정하기
```

실전 8-2

2 사용자가 방문할 '요일'이 월요일이 아니면 나이를 입력받아 '나이'에 저장하고, 월요일이면 '영업을 하지 않습니다.'를 말하려 합니다. 그렇다면 (1)에 어떤 블록이 들어가야 할지 [보기]에서 선택하세요.

```
클릭했을 때
이용할 요일을 입력하세요. 묻고 기다리기
요일 ▼ 을(를) 대답 로 정하기
만약           1           라면
    나이을 입력하세요. 묻고 기다리기
    나이 ▼ 을(를) 대답 로 정하기
아니면
    요일 와 은 영업을 하지 않습니다. 결합하기 말하기
```

[보기]

가) 요일 = 월요일

나) 요일 = 월요일 가(이) 아니다

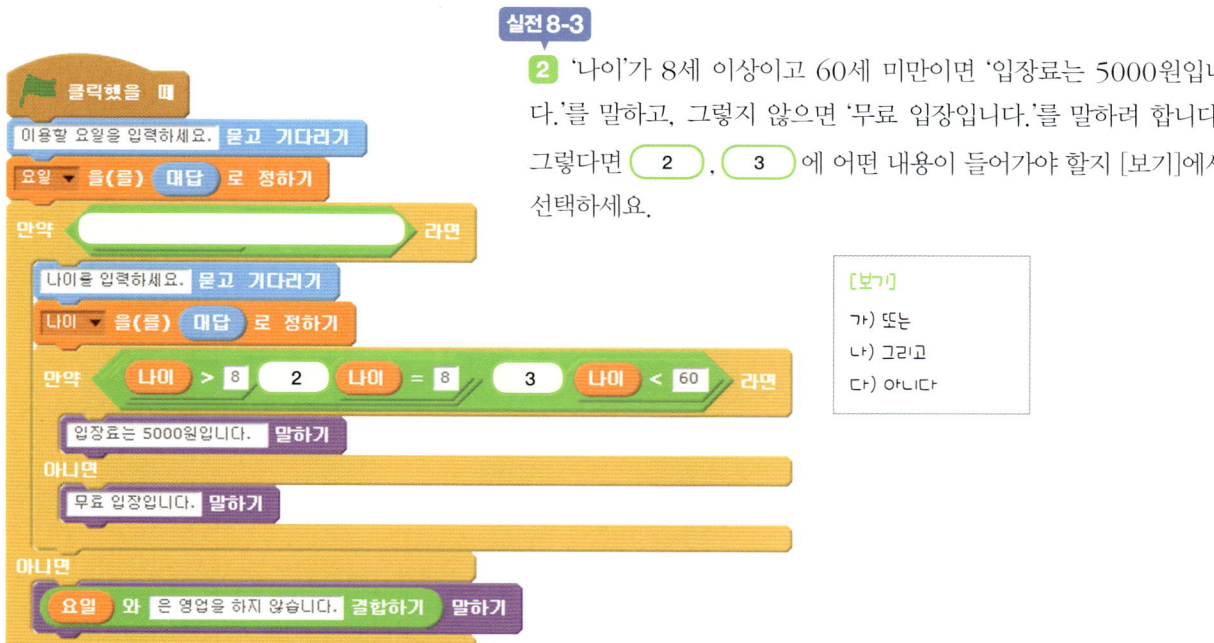

2 '나이'가 8세 이상이고 60세 미만이면 '입장료는 5000원입니다.'를 말하고, 그렇지 않으면 '무료 입장입니다.'를 말하려 합니다. 그렇다면 ② , ③ 에 어떤 내용이 들어가야 할지 [보기]에서 선택하세요.

[보기]

가) 또는

나) 그리고

다) 아니다

8.3

프로젝트 윤년 판별하기

 학습목표 논리 연산을 이용해서 윤년인지 평년인지 판별하는 프로젝트를 만들어보겠습니다.

사용자로부터 입력받은 년도가 윤년인지 평년인지 판별하는 프로젝트를 작성해보겠습니다. 다음 두 규칙 중 하나를 만족하면 윤년입니다.

규칙1 4의 배수면서 100의 배수가 아닌 해

규칙2 400의 배수인 해

1 사용자로부터 년도를 입력받아 '년도'에 저장합니다.

실전 8-4

2 앞에서 윤년은 두 규칙 중 하나를 만족하면 된다고 했습니다. '년도'가 윤년이면 '윤년입니다.'를 말하고, 그렇지 않으면 '평년입니다.'를 말하려 합니다. 그렇다면 (4)에 어떤 내용이 들어가야 할지 [보기]에서 선택하세요. 단, 규칙1 과 규칙2 에 대한 내용은 뒤에서 작성하겠습니다.

[보기]

가) 또는
나) 그리고
다) 아니다

3 `규칙1`과 `규칙2`에 대한 내용을 작성하기에 앞서서 '년도'가 4의 배수인지 판별하는 내용에 대해 먼저 살펴보겠습니다. 4의 배수인 4, 8, 12 등을 4로 나누면 나머지가 어떻게 됩니까? 바로 0입니다. 그러므로 '년도'가 4의 배수인 조건을 나타내는 스크립트는 왼쪽과 같습니다.

실전 8-5

4 윤년이 되는 첫 번째 규칙인 "년도'가 4의 배수면서 100의 배수가 아님' 식을 만들고자 합니다. 그렇다면 ⑤ 에 어떤 내용이 들어가야 할지 [보기]에서 선택하세요.

[보기]

가) 년도 나누기 ④ 의 나머지 = 0 그리고 년도 나누기 100 의 나머지 = 0

나) 년도 나누기 ④ 의 나머지 = 0 그리고 년도 나누기 100 의 나머지 = 0 가(이) 아니다

다) 년도 나누기 ④ 의 나머지 = 0 또는 년도 나누기 100 의 나머지 = 0

라) 년도 나누기 ④ 의 나머지 = 0 또는 년도 나누기 100 의 나머지 = 0 가(이) 아니다

마) 년도 나누기 ④ 의 나머지 = 0 그리고 년도 나누기 100 의 나머지 = 0 가(이) 아니다

바) 년도 나누기 ④ 의 나머지 = 0 또는 년도 나누기 100 의 나머지 = 0 가(이) 아니다

5 윤년이 되는 두 번째 규칙인 "년도'가 400의 배수'인 식을 넣으면 프로젝트가 완성됩니다.

9장

함수

스크래치에서 정사각형을 그리는 동작을 하는 스크립트를 만들어 놓고 이 스크립트가 실행되도록 수행 명령을 하면 정사각형이 그려집니다. 정사각형 그리기 스크립트와 같이 '무언가를 수행하는 스크립트'를 프로그램에서는 함수라고 합니다. 이 장에서 함수에 대해 살펴보고 함수를 사용하는 스크래치 프로젝트를 만들어보겠습니다.

9.1

함수란

학습목표 프로그램에서 호출에 의해 실행되도록 만들어진 일련의 코드인 함수에 대해 알아봅니다.

실전 9-1

 생·각·해·보·기 정사각형 그리기 기능 이용하기

다음과 같은 동작이 있습니다.

[수행절차]

1 다음을 4번 반복한다.
- 앞으로 1m 이동하며 선을 그린다.
- 시계 방향으로 90도 회전한다.

2 시계 방향으로 90도 회전한다.

3 다음을 4번 반복한다.
- 앞으로 1m 이동하며 선을 그린다.
- 시계 방향으로 90도 회전한다.

4 시계 방향으로 90도 회전한다.

5 다음을 4번 반복한다.
- 앞으로 1m 이동하며 선을 그린다.
- 시계 방향으로 90도 회전한다.

이 동작을 다음과 같이 나타낼 때 [＿＿＿＿＿] 안에 어떤 내용이 들어가야 할까요?

[정사각형 그리기]

다음을 4번 반복한다.
- 앞으로 1m 이동하며 선을 그린다.
- 시계 방향으로 90도 회전한다.

[수행절차]

1 [＿＿＿＿＿] 를 수행한다.
2 시계 방향으로 90도 회전한다.
3 [＿＿＿＿＿] 를 수행한다.
4 시계 방향으로 180도 회전한다.
5 [＿＿＿＿＿] 를 수행한다.

다음과 같은 일을 수행하는 프로그램에 대해 생각해보겠습니다.

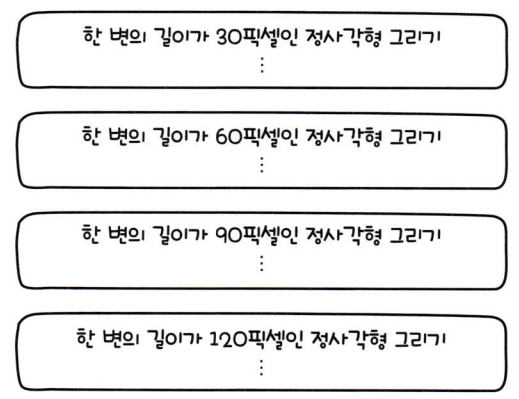

변의 길이만 차이가 있지 정사각형을 그리는 똑같은 일을 4번 반복하고 있습니다. 이런 경우 정사각형을 그리는 일을 담당하는 별도의 단위를 만들고 이 단위가 수행되도록 명령하면 프로그램이 간결해지고 이해하기가 쉬워질 겁니다.

이와 같이 하나의 단위로 만들어진 기능을 함수라 합니다. 위의 그림을 일반적인 용어로 표현해서 나타내면 다음과 같은데, 만들어진 함수A를 '함수 정의'라 하고 함수A가 실행되도록 명령하는 문장인 '함수A 호출'을 '함수 호출'이라 합니다.

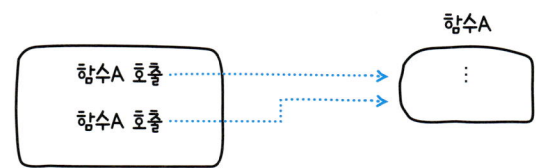

함수를 호출하면 함수가 실행되고, 실행이 끝나면 호출한 부분으로 되돌아와 호출 다음 부분을 실행합니다.

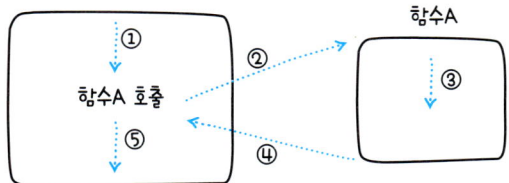

그런데 '정사각형 그리기' 함수에서 항상 같은 크기의 정사각형을 그리는 것이 아니라 정사각형 그리기(30)을 호출하면 한 변의 길이가 30픽셀인 정사각형을 그리고, 정사각형 그리기(60)을 호출하면 한 변의 길이가 60픽셀인 정사각형을 그려야 합니다.

이런 경우 함수를 호출할 때 30 또는 60과 같은 값을 전달해야 하는데 이런 값을 '매개변수'라 합니다.

이 과정을 도식화하면 다음과 같은데, 정사각형 그리기(30)을 호출하면 30이 전달되어 '정사각형 그리기' 함수의 '변의 길이'에 저장되어 동작하게 됩니다.

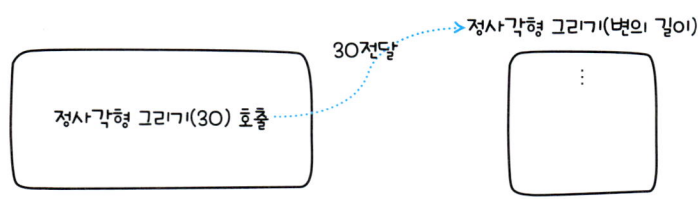

즉, 함수는 프로그램에서 호출에 의해 실행되도록 만들어진 일련의 코드를 의미합니다. 프로그램 안에서 반복적으로 실행되는 기능을 함수로 하여 사용할 때 유용합니다.

그러면 함수를 이용해서 다양한 크기의 정사각형을 그리는 프로젝트를 만들어보겠습니다.

잠깐만!

매개변수
함수를 호출할 때 전달되는 값을 말합니다.

9.2

프로젝트 함수를 이용한 정사각형 그리기

 학습목표 : 함수를 이용해서 정사각형을 그리는 프로젝트를 만들어봅니다.

'변의 길이'를 매개변수로 하는 '정사각형 그리기' 함수를 정의하고, 이 함수를 이용해서 다양한 크기의 정사각형을 그리는 프로젝트를 만들어보겠습니다.

 1 기본 스프라이트를 삭제하고 스프라이트 저장소의 'Arrow1'을 이용해서 새로운 스프라이트를 만들고 크기를 적당하게 줄입니다.

2 '정사각형 그리기' 함수를 만들기 위해 [추가 블록] 카테고리의 '블록 만들기' 버튼을 누릅니다. 스크래치에서는 함수라는 용어를 별도로 사용하지 않고 블록이라는 용어를 사용합니다.

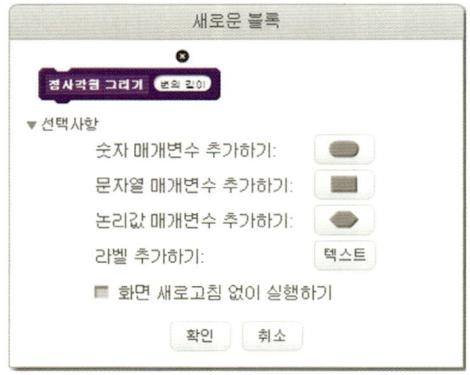

3 블록 이름을 '정사각형 그리기'로 하고 '선택 사항'을 눌러 '숫자 매개변수 추가하기' 버튼을 눌러 매개변수 이름을 '변의 길이'로 합니다.

4 [확인] 버튼을 누르면 스크립트 영역에 '정사각형 그리기' 정의하기 블록이 만들어집니다.

5 펜을 내린 상태에서 스프라이트가 이동하면 이동 경로에 선이 그려지므로 펜을 내립니다.

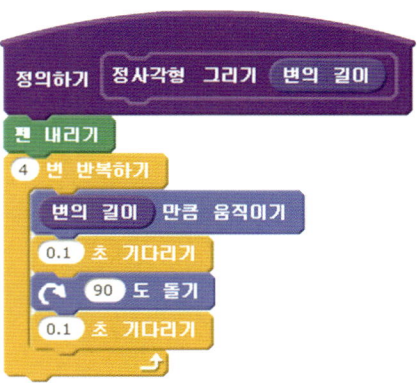

6 '변의 길이'만큼 이동하고 시계 방향으로 90도 회전하는 동작을 4번 반복하면 한 변의 길이가 '변의 길이'인 정사각형이 그려집니다. '변의 길이'는 정의하기 블록에 있는 '변의 길이'를 끌어오면 됩니다.

7 정사각형을 다 그렸으므로 펜을 올립니다. '정사각형 그리기' 블록이 완성됩니다.

8 직접 만든 '정사각형 그리기' 블록을 이용해서 정사각형을 그리기 위해 왼쪽과 같은 스크립트를 작성합니다. '지우기'는 이미 그렸던 그림을 지우는 블록이고, 정사각형 그리기 ◯ 는 '정사각형 그리기' 블록을 호출하는 블록입니다.

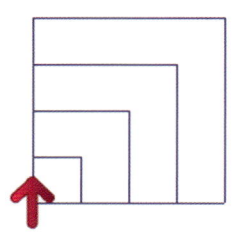

9 시작 버튼을 눌러 실행시키면 한 변의 길이가 30픽셀인 정사각형, 한 변의 길이가 60픽셀인 정사각형, 한 변의 길이가 90픽셀인 정사각형, 그리고 한 변의 길이가 120픽셀인 정사각형이 그려집니다.

실전 9-2

10 '정사각형 그리기'를 호출하는 4개의 블록을 반복 구조와 한 변의 길이를 저장하는 '길이' 변수를 이용해서 나타내려 합니다. 그렇다면 (1), (2), (3)에 어떤 블록이 들어가야 할지 [보기]에서 선택하세요.

실전 9-3

도·전·해·보·기

정육각형을 그리는 '정육각형 그리기' 블록을 정의하고, 이 블록을 이용해서 다음과 같은 도형을 그리는 프로젝트를 만들어보세요.

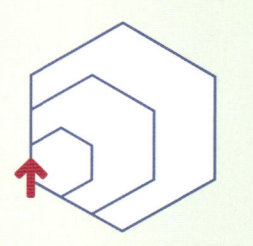

10장

재귀함수

'1부터 n까지의 정수 합'을 '정수합(n)'으로 표현한다고 가정하겠습니다. 그렇다면 정수합(n)을 정수합(n-1)+n으로 나타낼 수 있습니다. 정수합(n) 문제를 값이 1 작은 동일한 연산인 정수합(n-1)을 이용해서 해결해가는데, 이와 같이 동일한 연산을 반복해서 문제를 해결해가는 구조를 재귀라 합니다.

이 장에서는 재귀를 이용한 함수인 재귀함수에 대해 살펴보고, 재귀함수를 이용하는 스크래치 프로젝트를 만들어보겠습니다.

10.1

재귀함수란

학습목표 자기 자신을 호출하는 문장을 포함하는 함수인 재귀함수에 대해 알아봅니다.

실전 10-1

 생·각·해·보·기 자기 자신을 이용해서 동작하기

다음과 같은 '이동' 함수에 매개변수 10을 주어 호출하면 이동 거리는 어떻게 될까요? 단, 거리 단위는 고려하지 않겠습니다.

```
                    이동(10) 호출
```

```
이동(거리)
        if (거리가 1 미만이면) then
                종료
        else
                거리만큼 앞으로 이동
                이동(거리-2) 호출
end
```

다음 함수A는 문장1을 수행한 후에 자기 자신인 함수A를 호출하고 있습니다. 이와 같이 임의의 함수에서 자기 자신을 호출하는 것을 '재귀호출'이라 하고, 재귀호출 문장을 포함한 함수를 '재귀함수'라 합니다.

```
    함수A( )
      문장1
      함수A  호출
    end
```

함수A를 호출하면 함수A의 문장1을 실행하고 다시 함수A를 호출하여 함수A가 또 다시 실행됩니다. 이런 동작은 계속해서 반복됩니다.

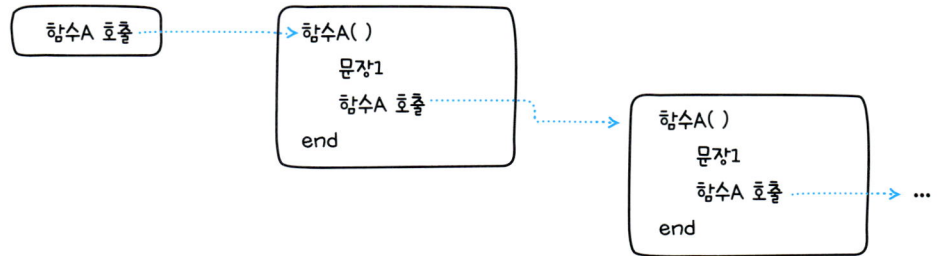

그런데 이 함수A는 함수A를 계속해서 호출하여 영원히 종료되지 않고 실행되는 문제가 생깁니다. 바로 종료되는 조건이 없기 때문입니다. 그러므로 재귀함수는 반드시 종료되는 조건이 설정되어 있어야 합니다.

그러면 재귀를 이용해서 계승을 구하는 예를 살펴보겠습니다.

잠깐만!

재귀호출을 가장 먼저 사용한 언어 알골(ALGOL)

Algorithmic Language의 약어인 ALGOL은 과학기술 계산용 프로그래밍 언어로 1958년에 이론과 개념이 등장한 후로, 1960년에 국제정보처리학회연합(IFIP)에서 유럽의 학자들을 중심으로 개발되었습니다. 프로그래밍 언어 이론에 영향을 많이 끼쳤으며, PL/I, SIMULA 67, 파스칼, MODULA, Ada, C++, 자바 등의 언어에 직·간접적으로 영향을 주었습니다. 국제표준기구(ISO)의 ALGOL 위원회에 의해 표준화된 알고리즘 언어로 채택되어 알고리즘을 기술하기 위해 사용되기도 했습니다. 언어의 구문이 BNF(Backus-Naur form)에 의해 기술된 최초의 언어이며, 블록 구조, 재귀호출 등을 최초로 도입한 언어입니다.

10.2
재귀함수를 이용한 계승 구하기

학습목표 계승을 구하는 원리를 살펴보고 재귀함수를 이용해서 계승을 구해봅시다.

계승이란 1부터 임의의 양의 정수까지의 정수를 모두 곱한 것을 말하며 n!로 나타냅니다. 단, 0!은 1로 약속하고 !는 팩토리얼로 읽습니다.

예를 들어 3!은 다음과 같습니다.

$$3 \times 2 \times 1$$

이것을 다음과 같이 나타내도 같은 의미를 지닙니다.

$$3 \times 2!$$

수학적 표현 n!을 프로그래밍의 함수로 표현하면 다음과 같이 나타낼 수 있습니다.

계승(n)

그러면 3!은 다음과 같이 나타낼 수 있습니다.

계승(3)

그리고 계승(3)은 다음과 같습니다.

$$3 \times 계승(2)$$

여기서 3을 n으로 일반화시키면 다음과 같은데 n!을 의미합니다.

계승(n) = n × 계승(n-1)

그런데 앞에서 0!은 1로 약속했으므로 1!은 1이 되어 정리하면 다음과 같습니다.

계승(n) = 1 (n ≤ 1)
   = n × 계승(n-1) (그 외)

이것을 함수 형식으로 나타내면 다음과 같은데, 5행의 계승(n-1)이 재귀호출이므로 이 함수는 재귀함수가 됩니다. 여기서 return은 오른쪽에 위치한 값을 호출한 곳으로 반환하고 함수 실행을 종료하는 의미를 지닙니다.

```
01    계승(n)
02        if (n ≤ 1) then
03            return 1
04        else
05            return n*계승(n-1)
06    end
```

아직 좀 어려울 테니 예를 들어 설명하겠습니다. 계승(3)을 호출했을 때의 동작 과정을 단계별로 살펴보겠습니다.

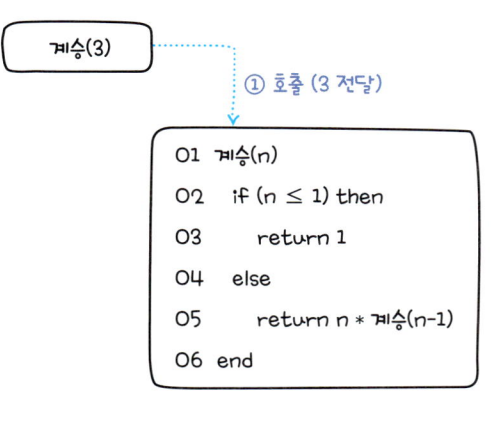

1 '계승(3)'을 호출하면 '계승' 함수를 실행하러 갑니다. 이때 매개
변수로 3이 전달되어 '계승' 함수의 n에 저장됩니다.

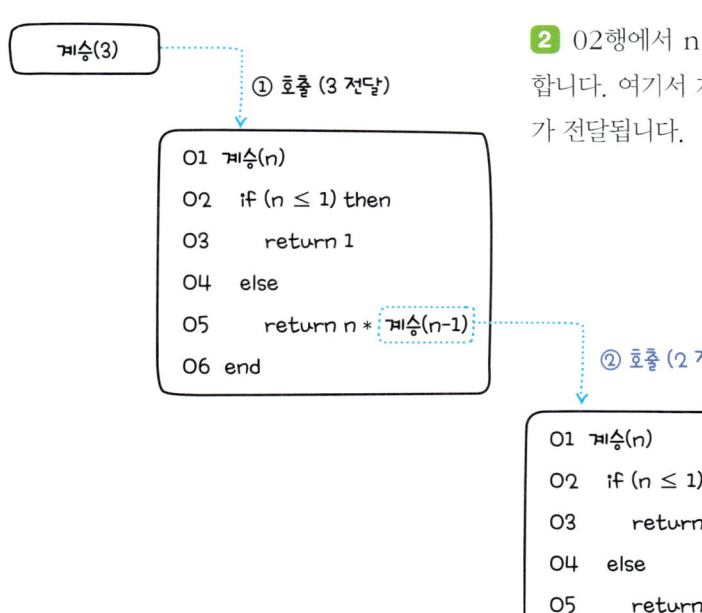

2 02행에서 n이 3이므로 if 조건식이 거짓이 되어 05행을 실행
합니다. 여기서 계승(n-1) 호출을 합니다. 이때 n-1에 해당하는 2
가 전달됩니다.

3 02행에서 n이 2이므로 if 조건식이 거짓이 되어 05행을 실행합니다. 여기서 계승(n−1) 호출을 합니다. 이때 n−1에 해당하는 1이 전달됩니다.

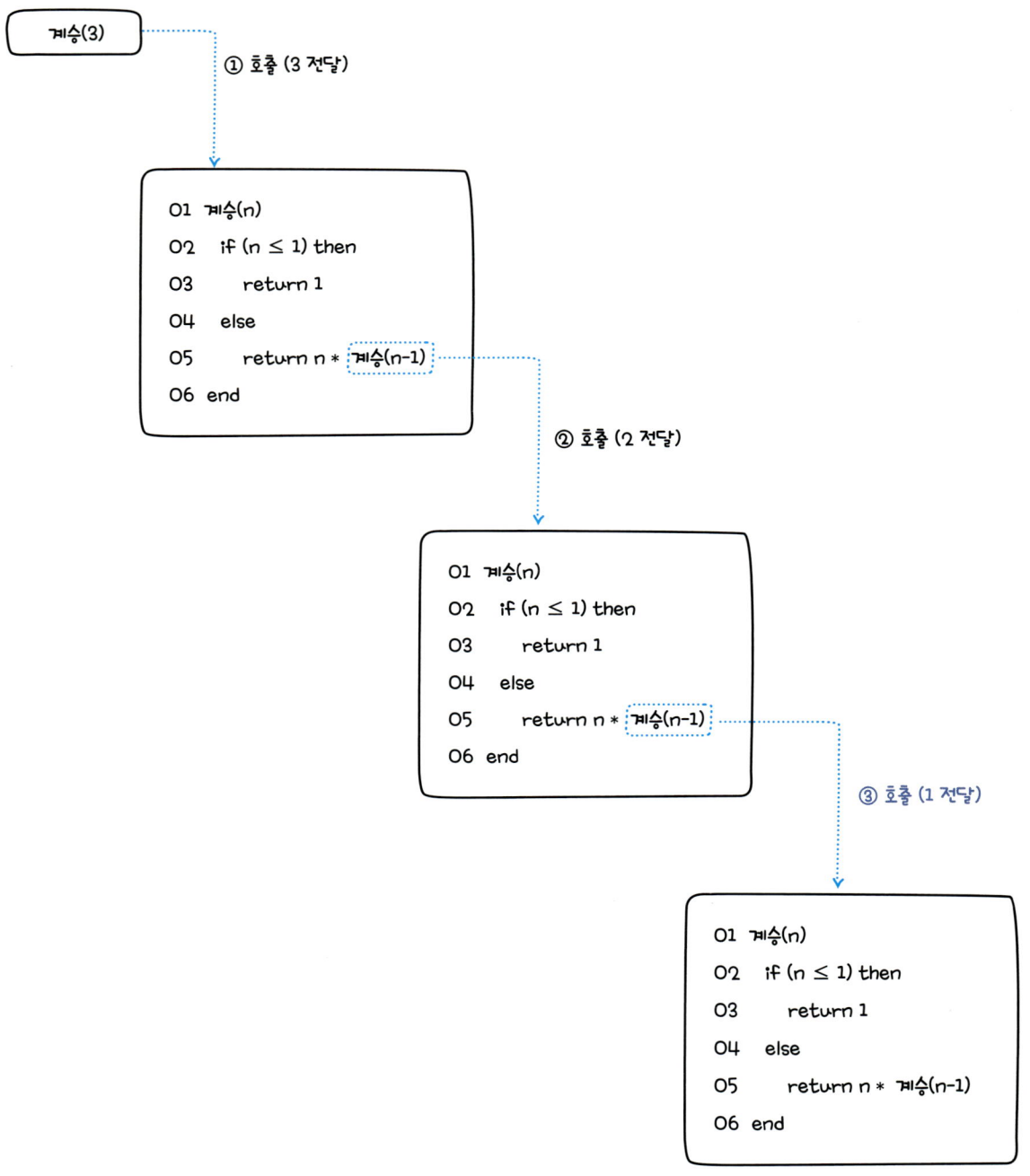

4 02행에서 n이 1이므로 if 조건식이 참이 되어 03행을 실행하게 됩니다. 1을 반환하여 호출 문장의 '계승(n−1)'은 1이 됩니다.

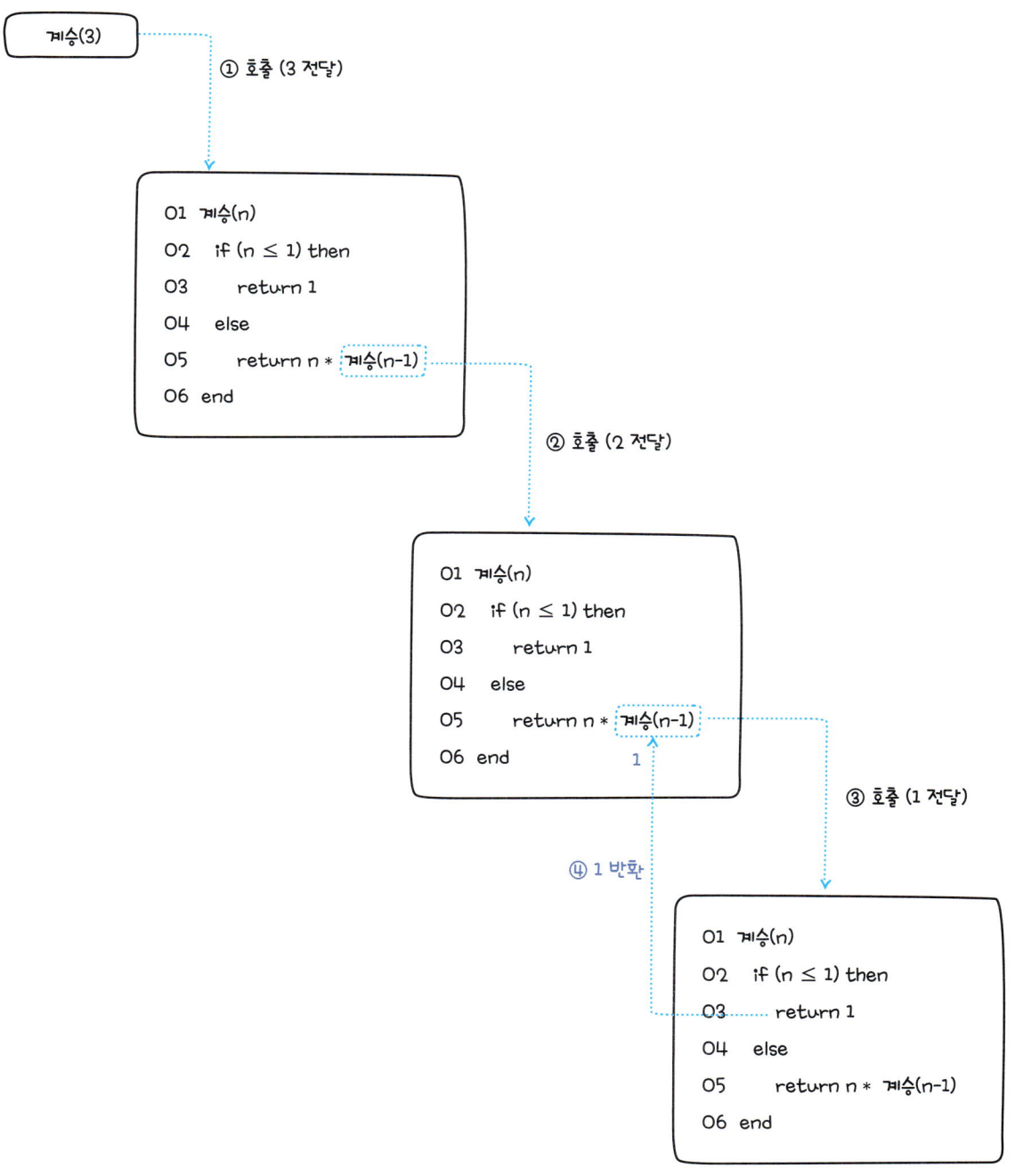

5 n×계승(n−1)은 2×1이 되어 2를 반환합니다. 호출 문장의 '계승(n−1)'은 2가 됩니다.

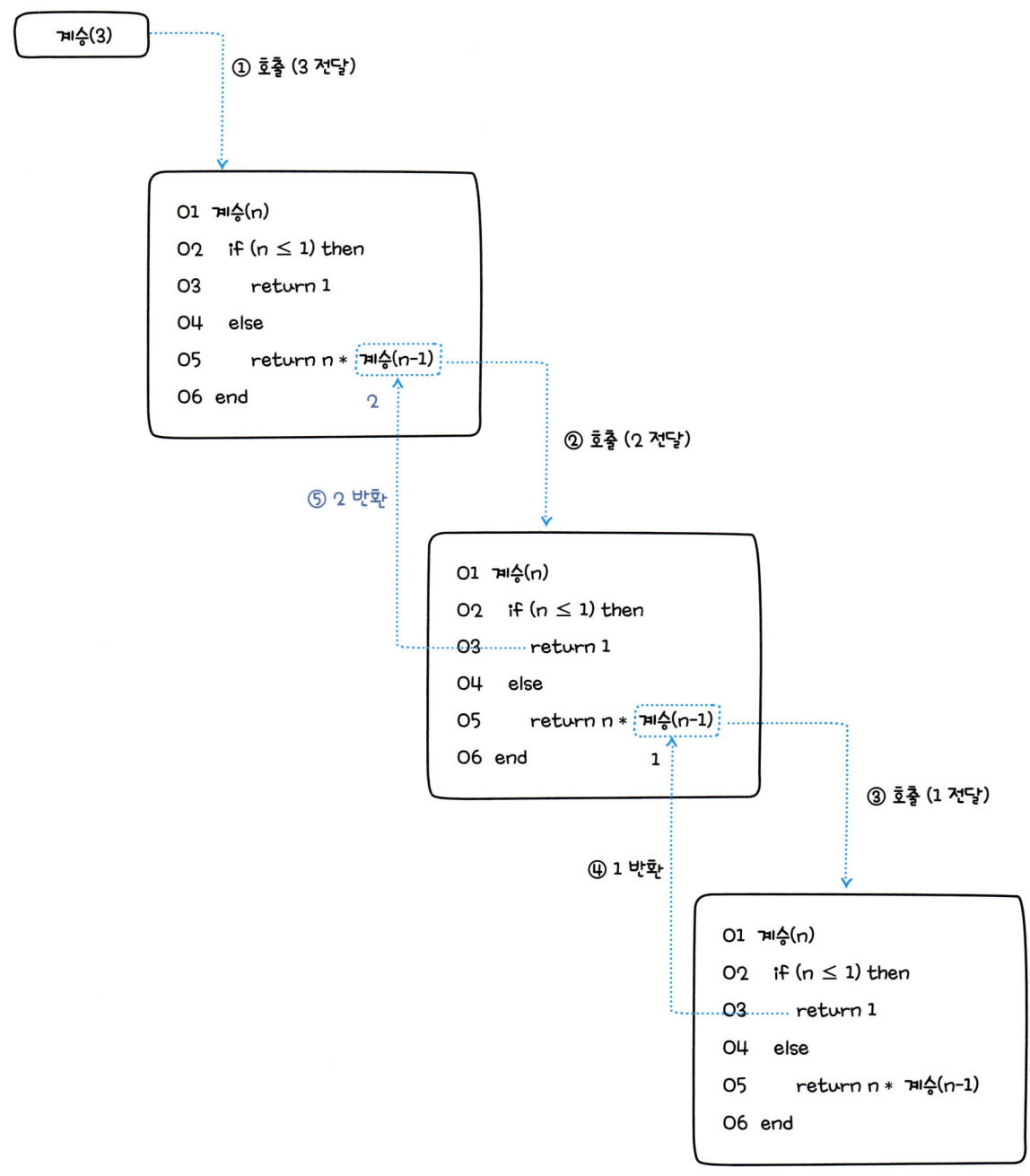

6 n×계승(n−1)은 3×2가 되어 6을 반환합니다. 결국 '계승(3)'은 6이 되고 실행이 종료됩니다.

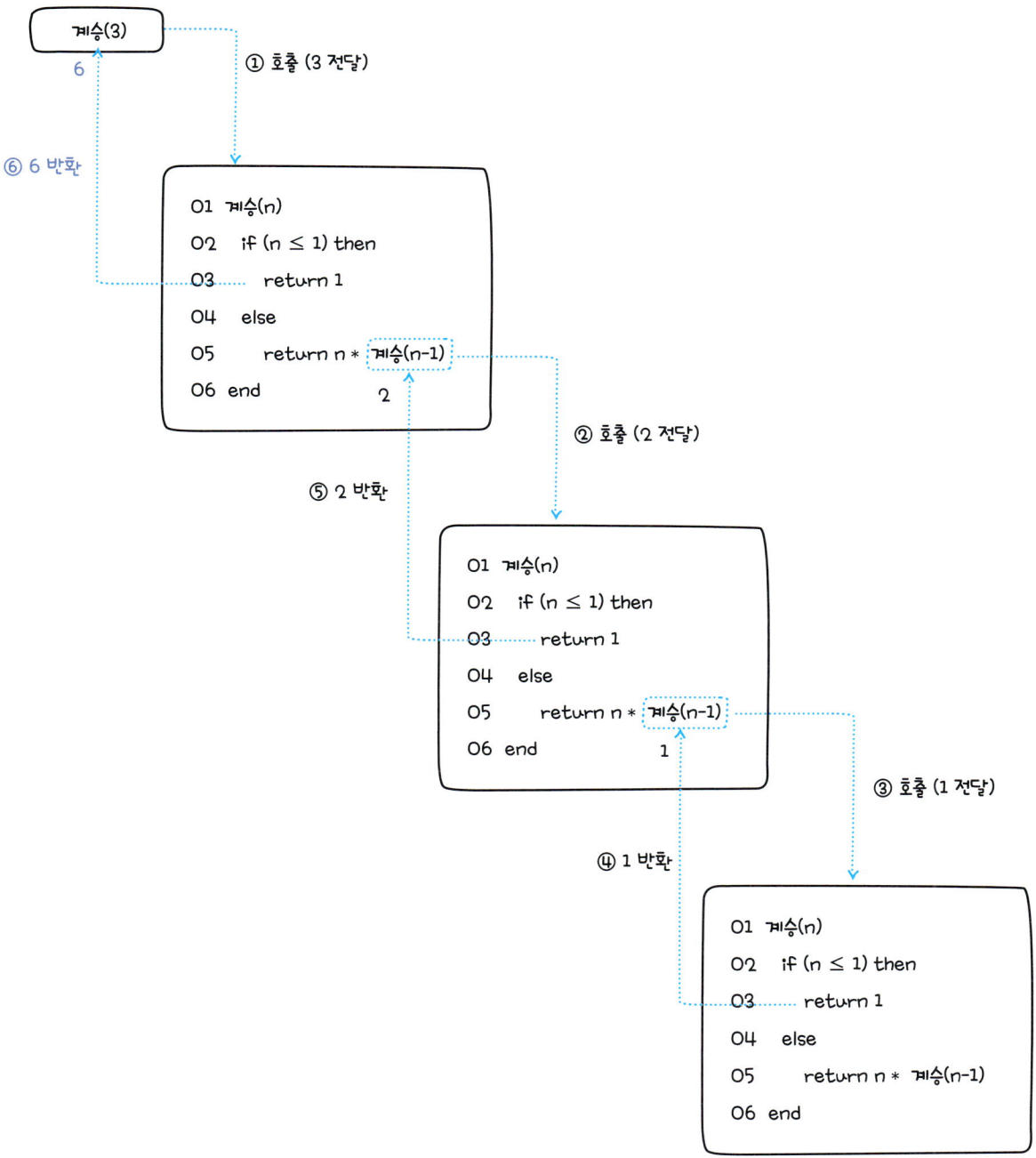

10.3

프로젝트 재귀함수를 이용한 정사각형 그리기

학습목표 재귀함수를 이용해서 다양한 크기의 정사각형을 그리는 프로젝트를 만들어봅니다.

재귀호출을 이용해서 크기가 다른 n개의 정사각형을 그리는 '정사각형들 그리기' 함수를 정의하고 이 함수를 이용하는 프로젝트를 만들어보겠습니다.

 1 기본 스프라이트를 삭제하고 스프라이트 저장소의 'Arrow1'을 이용해서 새로운 스프라이트를 만들고 크기를 적당하게 줄입니다.

2 '블록 만들기'를 이용해서 '개수'를 매개변수로 하는 '정사각형들 그리기' 정의하기 블록을 만듭니다. '개수'는 그리려는 정사각형의 개수를 의미합니다.

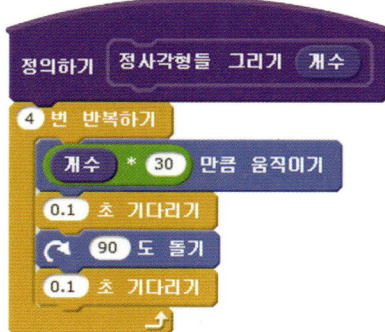

3 한 변의 길이가 '개수'×30인 정사각형을 그리는 스크립트를 작성합니다.

4 매개변수를 "개수'-1'로 하여 '정사각형들 그리기' 블록을 호출합니다. 자기 자신을 호출하므로 재귀호출입니다. 매개변수를 "개수'-1'로 하여 호출한 이유는 정사각형을 1개 그렸으므로 개수에서 한 개를 뺀 개수의 정사각형을 그리라는 것입니다.

5 '정사각형들 그리기' 블록을 이용해서 4개의 정사각형을 그려보기 위해 왼쪽과 같은 스크립트를 작성합니다.

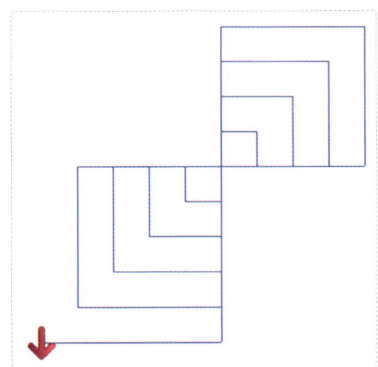

6 실행하면 멈추지 않고 계속해서 정사각형을 그리는 것을 확인할 수 있습니다. 이유는 재귀함수인 '정사각형들 그리기' 블록에서 종료하는 조건을 설정하지 않았기 때문입니다.

10 조건 구조를 이용해서 조건이 참인 경우에만 실행되고 조건이 거짓이면 아무것도 실행되지 않고 종료하게 되어 '개수'만큼 정사각형이 그려지도록 하려 합니다. 그렇다면 (1)에 어떤 블록이 들어가야 할지 [보기]에서 선택하세요.

[보기]

개수 < 0

개수 = 0

개수 > 0

11장

배열

학생이 100명인 학교에서 학생 이름과 성적을 프로그램으로 관리하려면 학생 이름을 저장할 변수 100개와 성적을 저장할 변수 100개가 필요합니다. 만약 이름, 성적만이 아니라 생년월일, 주소, 연락처, 학년, 반, 번호 등의 정보까지 관리한다면 변수는 훨씬 더 많이 필요할 겁니다. 그런데 변수가 늘어날수록 개별 변수 이름을 부여하며 체계적으로 관리하기 어렵습니다(한두 개가 아니라 천 개, 만 개 이러면 곤란하죠). 이럴 때에 사용하는 게 바로 배열입니다.

이 장에서 배열에 대해 살펴보고 스크래치에서는 배열을 어떻게 사용하는지 프로젝트를 만들어보며 살펴보겠습니다.

11.1
선형 리스트와 배열

학습목표 선형 리스트와 배열이 무엇인지 알아봅니다.

선형 리스트란 어떤 순서에 의해 나열된 데이터 집합체를 의미하는데 요일이나 무지개 색, 12간지 등이 선형 리스트라 할 수 있습니다.

- 일요일, 월요일, 화요일, 수요일, 목요일, 금요일, 토요일
- 빨강, 주황, 노랑, 초록, 파랑, 남색, 보라
- 쥐, 소, 호랑이, 토끼, 용, 뱀, 말, 양, 원숭이, 닭, 개, 돼지

이런 선형 리스트를 구현하는 방법으로 배열과 연결 리스트가 있는데, 이 장에서 배열에 대해 살펴보고 연결 리스트에 대해서는 12장에서 살펴보겠습니다.

실전 11-1

 생·각·해·보·기 가나다순으로 사물함 정리하기

다음과 같이 가나다 순서로 학생들의 사물함을 관리하는 학급에 박○○ 학생이 전학을 왔습니다. 박○○ 학생의 물품을 사물함에 넣으려면 어떤 절차를 거쳐야 하나요?

배열은 집합체의 첫 번째 데이터로부터 상대적 위치로 데이터를 식별하는 데이터들의 모임입니다. 쉽게 말하면 줄을 서고 제일 앞 사람이 기준이었을 때 기준으로부터 몇 번째냐를 따지는 겁니다. 배열의 데이터는 배열 이름과 첨자에 의해 참조되는데, 배열 이름이 먼저 오고 다음에 소괄호나 대괄호에 둘러싸인 첨자가 옵니다. 첨자는 첫 번째 데이터의 상대적 위치, 즉 몇 번째인가를 나타내는데, 다음 예는 배열 A의 3번째 데이터를 의미합니다.

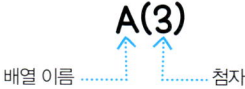

이름이 A이고 크기가 5인 배열의 구조를 도식화하면 다음과 같습니다.

우리는 지금 배열 첨자가 1로 시작되는 예를 다뤘는데 프로그래밍 언어에 따라서는 0으로 시작되기도 합니다. C 언어가 바로 그런 프로그래밍 언어인데 이름이 A, 크기가 5인 배열을 C 언어로 선언해보겠습니다.

```
int A[5];
```

이 배열의 구조를 도식화하면 다음과 같은데 C 언어라서 첨자가 0으로 시작됩니다.

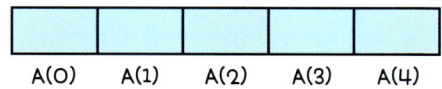

스크래치에서는 배열을 리스트라는 용어로 부르는데, 리스트 만드는 절차를 살펴보겠습니다.

1 [데이터] 카테고리의 [리스트 만들기] 버튼을 클릭합니다.

2 [새로운 리스트] 창이 열리면 만들고자 하는 리스트 이름인 'A'를 입력하고 [확인] 버튼을 누릅니다.

3 [데이터] 카테고리에 'A' 리스트가 만들어지고 리스트와 관련된 블록들이 새롭게 생성됩니다. 또한 무대에 'A' 리스트가 나타납니다.

그러면 배열에 데이터를 삽입하고 삭제하는 동작에 대해 알아보겠습니다.

배열에서의 데이터 삽입

다음은 오름차순으로 정렬된 5개의 데이터를 저장하고 있는 배열 A의 구조입니다.

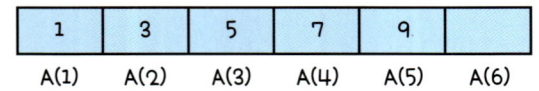

이 상태에서 6을 삽입하려면 5와 7 사이에 저장되어야 하므로 7과 9를 한 칸씩 뒤로 옮기고 A(4)에 6을 삽입해야 합니다. 다음은 이 과정을 나타낸 것입니다.

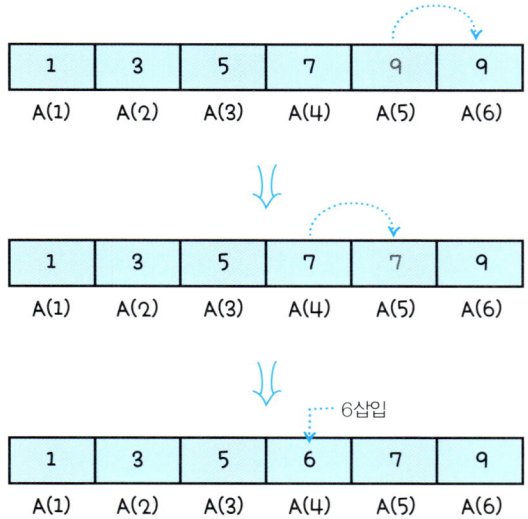

이와 같이 배열의 n번째 위치에 데이터를 삽입하려면 빈 자리를 만들기 위해 마지막 데이터부터 n번째 데이터까지 한 칸씩 뒤로 옮기는 동작이 발생합니다.

그러면 스크래치에서 리스트에 데이터를 삽입하는 과정을 살펴보겠습니다.

1 A 리스트를 만들고, ![thing 항목을 A 에 추가하기]를 이용해서 1, 3, 5, 7, 9를 저장합니다. 스크래치에서는 리스트에 저장된 데이터를 항목이라고 합니다.

2 데이터를 리스트의 임의의 위치에 추가하는 블록인 ![thing 을(를) 1 번째 A 에 넣기]를 이용해서 'A' 리스트의 4번째 위치에 6을 추가합니다. 그러면 7과 9 항목은 자동적으로 한 칸씩 뒤로 이동합니다. 스크래치에서는 다른 언어와는 달리 리스트의 임의의 위치에 데이터를 삽입하면 뒤에 위치한 데이터들이 자동적으로 한 칸씩 뒤로 이동됩니다. 그런데 이 프로젝트를 반복해서 실행하면 'A' 리스트에 계속 값이 쌓이는 문제가 발생합니다. 이 문제를 해결하는 방법은 11.2절에서 살펴보겠습니다.

배열에서의 데이터 삭제

다음과 같은 배열 A에서 5를 삭제하는 동작을 살펴보겠습니다.

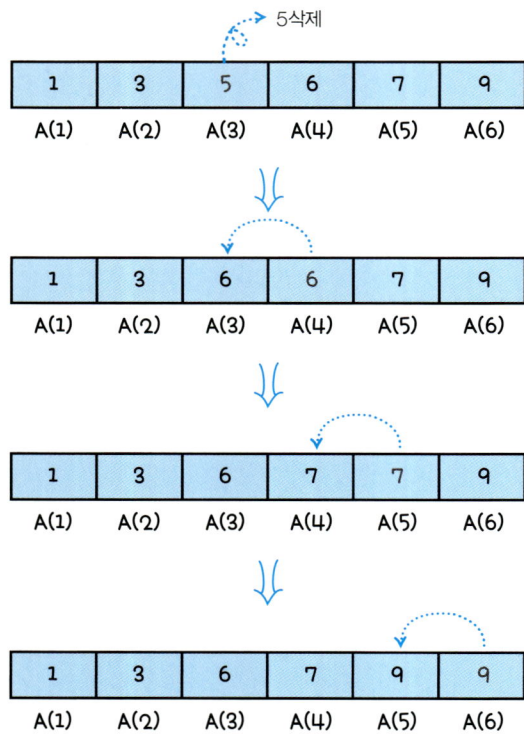

선형 리스트는 데이터가 연달아 저장되는 구조라서 배열 중간에 빈 자리가 있으면 안 됩니다. 그러므로 5를 삭제하려면 5만 삭제하면 되는 것이 아니라 뒤에 위치한 6, 7, 9를 앞으로 한 칸씩 옮겨야 합니다. 다음은 이 과정을 나타낸 것입니다.

배열의 n번째 위치의 데이터를 삭제하면 빈 자리가 생깁니다. 이 빈 자리를 채우려면 n+1번째 데이터부터 마지막 데이터까지 한 칸씩 앞으로 옮겨야 합니다.

이처럼 배열을 이용해서 구현한 선형 리스트에서 특정 위치에 데이터를 삽입하거나 삭제하려면 데이터를 옮기는 동작이 필요합니다. 미리 이야기해두자면 다음 장에서 살펴볼 연결 리스트는 데이터를 옮기지 않고 데이터를 삽입하거나 삭제할 수 있습니다. 이 부분은 12장에서 살펴보겠습니다.

그러면 스크래치에서 리스트의 데이터를 삭제하는 동작을 살펴보겠습니다.

1 'A' 리스트에 1, 3, 5, 6, 7, 9를 저장합니다.

2 리스트에 저장된 항목을 삭제하는 블록인 [1▼ 번째 항목을 A ▼ 에서 삭제하기]를 이용해서 A 리스트의 세 번째 항목(5)을 삭제합니다. 그러면 네 번째부터 여섯 번째 항목(6, 7, 9)은 자동으로 한 칸씩 앞으로 이동합니다. 스크래치에서는 삽입 동작과 마찬가지로 삭제 동작에서도 삭제된 항목 뒤에 위치한 항목들이 자동으로 한 칸씩 앞으로 이동합니다.

11.2

프로젝트 **퀴즈**

학습목표 리스트를 이용해서 퀴즈 프로젝트를 만들어봅니다.

리스트를 이용해서 퀴즈 프로젝트를 만들어보겠습니다. 질문과 정답이 각각 3개씩 있는 리스트 둘을 활용합니다. 퀴즈 버튼을 클릭하면 질문이 나오고 답변을 입력하여 맞으면 맞았다는 말을 하고 틀리면 틀렸다는 말을 합니다. 맞추면 해당 질문과 정답을 리스트에서 삭제합니다.

1 먼저 '문제'와 '정답' 리스트를 만들고 '문제'와 '정답' 리스트의 모든 항목을 삭제합니다. 처음 실행할 때는 상관없지만 두 번째 실행부터는 리스트에 저장되어 있던 항목이 지워지지 않고 그대로 저장되어 있어서 제대로 동작하지 않기 때문에 리스트의 모든 항목을 삭제해야 합니다.

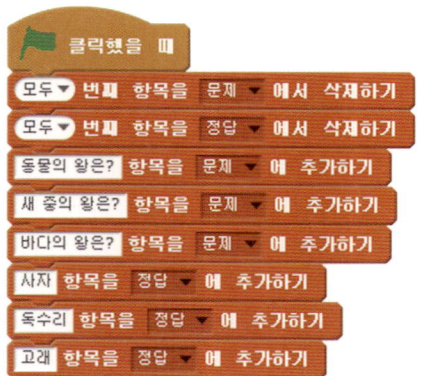

2 문제 3개를 '문제' 리스트에 저장하고 문제에 대한 정답 3개를 '정답' 리스트에 저장합니다. 이때 문제와 정답 위치는 반드시 같아야 합니다.

3 스프라이트 저장소의 'Button2'를 이용해서 다음과 같은 quiz 버튼을 만듭니다.

4 quiz 스프라이트로 이동해서 이 스프라이트를 클릭하면 실행될 다음과 같은 블록을 스크립트 영역으로 끌어다 놓습니다.

5 quiz 스프라이트를 클릭하면 '퀴즈'라는 메시지를 보내기 위해 [이벤트] 카테고리의 `message1 방송하기` 를 연결하고 풀다운 메뉴에서 '새 메시지…'를 눌러 '퀴즈'를 입력합니다.

6 고양이 스프라이트로 이동해서 '퀴즈' 메시지를 받으면 퀴즈가 시작되도록 하기 위해 [이벤트] 카테고리의 `퀴즈 을(를) 받았을 때` 를 스크립트 영역에 놓습니다.

7 '문제' 리스트의 항목 수가 0보다 크면 퀴즈를 풀고 그렇지 않으면 문제가 없다는 말을 합니다.

8 퀴즈 푸는 부분을 작성하겠습니다. '문제' 리스트에서 한 문제의 위치를 무작위로 선택해서 해당 위치의 문제를 질문하려고 합니다. 그러려면 무작위로 선택된 위치를 저장하는 '선택' 변수를 만들고, 1부터 '문제' 리스트의 항목 수 중 하나의 수를 무작위로 선택해서 '선택' 변수에 저장합니다.

9 '문제' 리스트의 '선택' 번째 항목을 묻고 기다립니다. 만약 '선택'이 2라면 '문제' 리스트의 2번째 항목인 '새 중의 왕은?'을 묻게 됩니다.

```
퀴즈 ▼ 을(를) 받았을 때
만약  문제 ▼ 리스트의 항목 수  >  0  라면
    선택 ▼ 을(를)  1  부터  문제 ▼ 리스트의 항목 수  사이의 난수  로 정하기
    선택 번째  문제 ▼ 항목  묻고 기다리기
아니면
    문제가 없습니다.  을(를)  2  초동안 말하기
```

실전 11-2

10 사용자가 대답한 내용인 '대답'이 맞았는지 판별하여 맞으면 맞았다는 말을 하고 틀리면 틀렸다는 말을 하려고 합니다. 그렇다면 '문제' 리스트의 '선택' 번째 문제에 대한 정답이 무엇인지 생각해보고 (1)에 어떤 블록이 들어가야 할지 [보기]에서 선택하세요.

```
퀴즈 ▼ 을(를) 받았을 때
만약  문제 ▼ 리스트의 항목 수  >  0  라면
    선택 ▼ 을(를)  1  부터  문제 ▼ 리스트의 항목 수  사이의 난수  로 정하기
    선택 번째  문제 ▼ 항목  묻고 기다리기
    만약  대답  =  1  라면
        맞았습니다!  을(를)  2  초동안 말하기
    아니면
        틀렸습니다!  을(를)  2  초동안 말하기
아니면
    문제가 없습니다.  을(를)  2  초동안 말하기
```

[보기]

가) 선택 번째 문제 ▼ 항목

나) 선택 번째 정답 ▼ 항목

다) 랜덤 ▼ 번째 정답 ▼ 항목

라) 1 ▼ 번째 정답 ▼ 항목

⑪ 맞춘 문제는 다시 문제로 제시되지 않도록 하기 위해 맞춘 문제와 정답을 리스트에서 삭제합니다.

```
퀴즈 ▼ 을(를) 받았을 때
만약  문제 ▼ 리스트의 항목 수 > 0  라면
    선택 ▼ 을(를) ① 부터 문제 ▼ 리스트의 항목 수 사이의 난수 로 정하기
    선택 번째 문제 ▼ 항목 묻고 기다리기
    만약  대답 =            라면
        맞았습니다! 을(를) ② 초동안 말하기
        선택 번째 항목을 문제 ▼ 에서 삭제하기
        선택 번째 항목을 정답 ▼ 에서 삭제하기
    아니면
        틀렸습니다! 을(를) ② 초동안 말하기
아니면
    문제가 없습니다. 을(를) ② 초동안 말하기
```

12장

연결
리스트

배열은 데이터를 연속해서 저장하고 관리하는 데 유용합니다. 그런
데 데이터를 추가하거나 삭제할 때 생긴 빈 공간을 채우는 등의 부차
적인 문제가 발생할 수 있어서 변화가 심한 데이터를 관리하는 데는
적합하지 않습니다. 반면 연결 리스트는 배열과 다르게 데이터가 비
연속적입니다. 그래서 데이터 삽입과 삭제가 빈번히
발생하는 프로그램에서 주로 사용됩니다.

이 장에서는 연결 리스트를 이해하는 데 꼭 필요한 개
념인 포인터를 배우고 나서 단방향 연결 리스트, 원형
연결 리스트, 이중 연결 리스트를 살펴봅니다.

포인터

메모리 주소를 저장하는 변수인 포인터에 대해 알아봅니다.

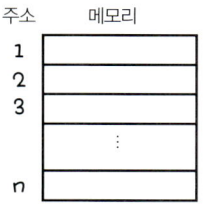

메모리는 현재 실행 중인 프로그램과 프로그램에 필요한 데이터를 일시적으로 저장하는 장치입니다. 메모리는 주소를 할당해서 저장된 정보를 쉽게 관리하고 위치를 구분합니다.

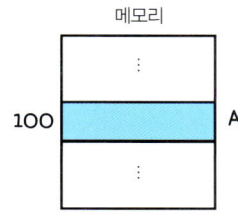

프로그램 실행 중에 변수를 만들면 메모리의 일정 영역에 해당 변수가 생성됩니다. 물론 생성된 변수에는 대응되는 메모리 주소가 있는데, 왼쪽 그림은 변수 A가 메모리 주소 100에 생성된 것을 보여주는 예입니다.

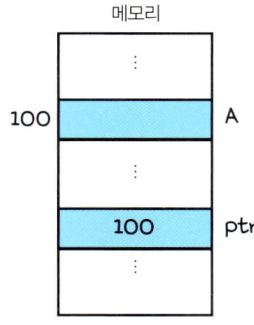

이런 메모리 주소를 저장하는 변수를 '포인터'라 하는데, 왼쪽 그림은 포인터 ptr에 변수 A의 주소 100을 저장한 예입니다.

앞의 그림을 일반적으로 다음과 같이 나타내는데, 'ptr은 변수 A를 가리킨다'라고 합니다.

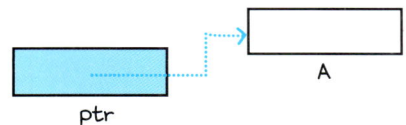

12.2
연결 리스트

학습목표 각 데이터를 포인터로 연결하여 관리하는 연결 리스트에 대해 알아봅니다.

실전 12-1

 생·각·해·보·기 다음 카드가 뭐지?

다음과 같은 1~7번까지의 카드가 있습니다. 각 카드의 큰 숫자는 카드 번호를 의미하고 아래의 작은 숫자는 다음에 연결될 카드 번호를 의미합니다. 시작하는 카드가 1번 카드일 때, 질문에 답하세요.

1	2	3	4	5	6	7
3	4	6	끝	7	5	2

질문 1 5번 카드를 분실했을 때 연결 관계를 유지하려면 어느 부분을 어떻게 수정해야 하는지 나타내세요.

1	2	3	4	5	6	7
3	4	6	끝	7	5	2

질문 2 8번 카드가 추가되었는데 3번 카드 다음에 위치시키려면 어느 부분을 어떻게 수정해야 하는지 나타내세요.

1	2	3	4	5	6	7	8
3	4	6	끝	7	5	2	

연결 리스트는 각 데이터를 포인터로 연결하여 관리하는 구조입니다. 연결 리스트에서는 노드라는 새로운 개념이 나오는데, 각 노드는 다음 그림처럼 데이터를 저장하는 데이터 영역과 다음 데이터가 저장된 노드를 가리키는 포인터 영역으로 구성됩니다.

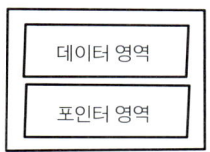

각 노드는 메모리의 어느 위치에 저장되었는지와 상관없이 각 노드가 포인터로 연결되어 있기만 하면 됩니다.

다음은 연결 리스트의 예입니다. 헤드 포인터가 첫 번째 노드를 가리키고, 첫 번째 노드의 포인터 영역은 두 번째 노드를 가리키고, 두 번째 노드의 포인터 영역은 세 번째 노드를 가리킵니다. 그리고 세 번째 노드의 포인터 영역에는 NULL(널)이 저장되어 있죠? NULL은 이후로 연결된 노드가 없다는 의미입니다.

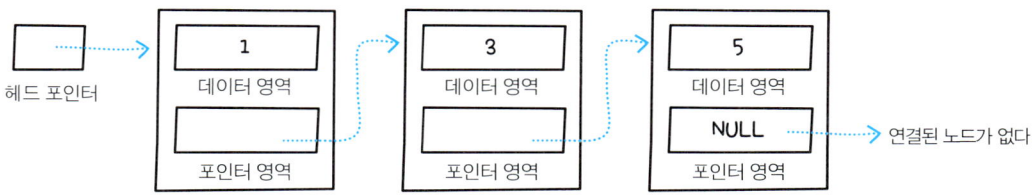

여기서는 데이터 영역에 데이터가 하나씩만 들어 있지만, 필요에 따라 여러 개의 데이터가 저장될 수도 있습니다. 다음은 데이터 영역에 이름과 나이를 저장하는 구조입니다.

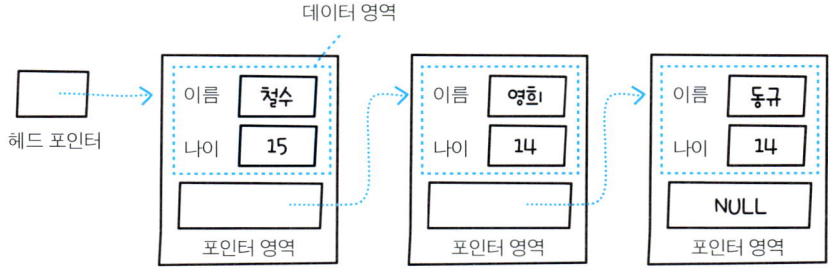

이런 연결 리스트는 단순 연결 리스트와 이중 연결 리스트로 구분할 수 있는데, 이들에 대해 살펴보겠습니다.

단순 연결 리스트

단순 연결 리스트는 노드에 포인터 영역이 하나인 연결 리스트를 말하는데 가장 단순한 형태면서도 가장 많이 사용되는 구조입니다. 그러면 단순 연결 리스트에 데이터를 삽입하고 삭제하는 과정을 살펴보겠습니다.

데이터 삽입

다음과 같은 구조에서 데이터가 1인 노드와 데이터가 3인 노드 사이에 데이터 2를 삽입하는 과정을 살펴보겠습니다. 편의상 데이터가 1인 노드를 A, 데이터가 3인 노드를 B, 데이터가 5인 노드를 C라 하고 새롭게 추가될 노드를 새(new) 노드를 의미하는 N이라 하겠습니다.

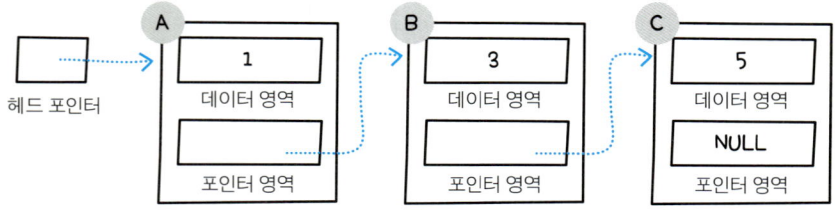

1 N 노드를 생성하고, 데이터 영역에 2를 저장합니다.

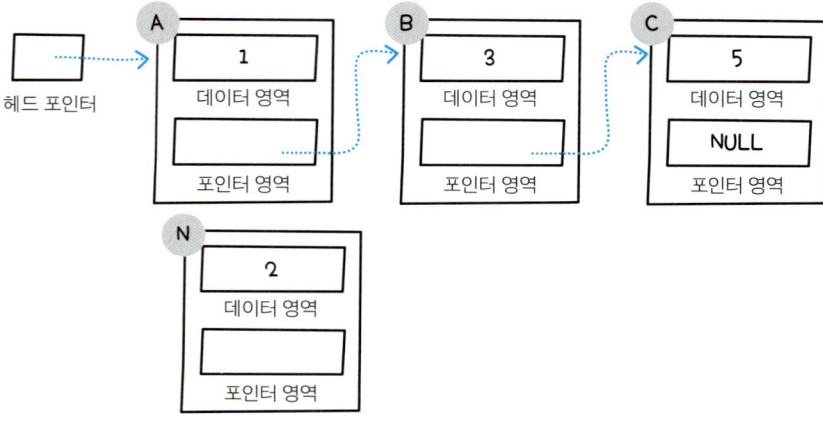

2 노드 A의 포인터 영역이 가리키는 곳인 노드 B를 노드 N의 포인터 영역이 가리키게 합니다. 그러면 노드 N이 노드 B를 가리키게 됩니다.

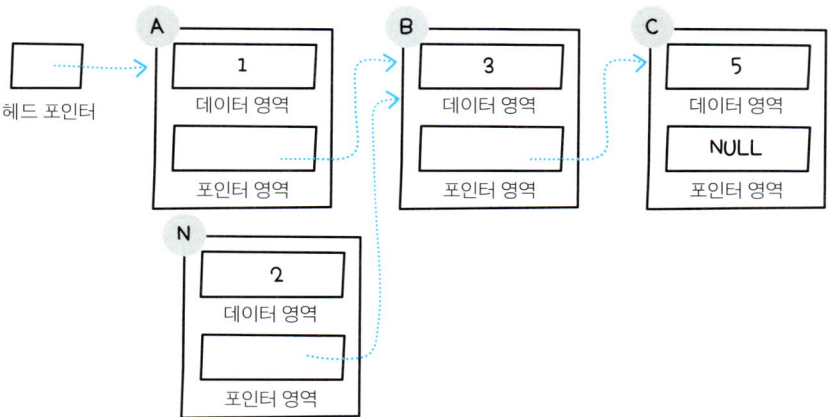

3 노드 A의 포인터 영역이 노드 N을 가리키게 합니다. 이로써 데이터 2의 삽입 동작이 완료됩니다.

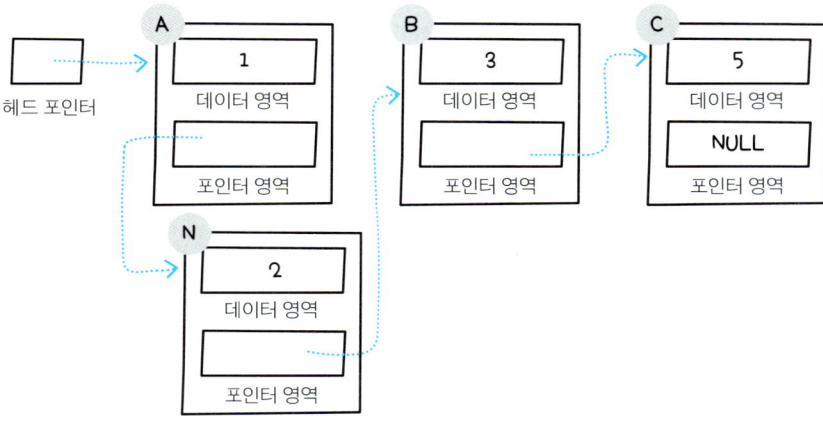

데이터 삭제

다음과 같은 구조에서 데이터가 3인 노드 B를 삭제하는 과정을 살펴보겠습니다.

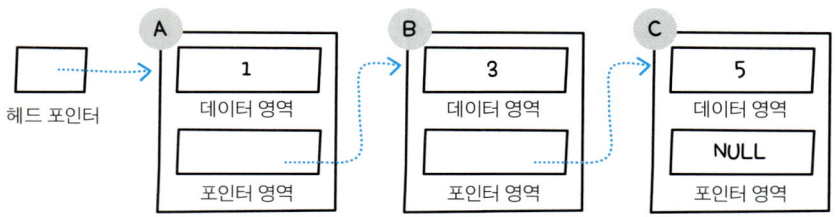

1 노드 B의 포인터 영역이 가리키는 곳인 노드 C를 노드 A의 포인터 영역이 가리키게 합니다. 그러면 노드 A의 다음 노드는 노드 C가 되어 노드 B는 연결 리스트에서 제거됩니다.

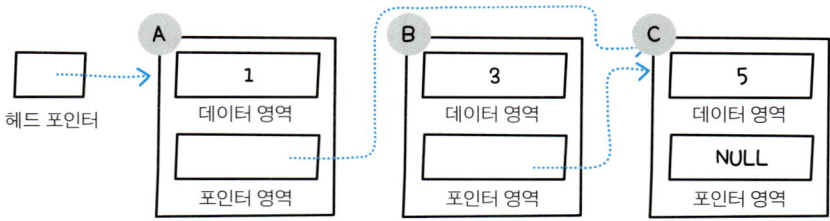

2 노드 B는 연결 리스트에서 제외되었을 뿐, 메모리에서 삭제된 상태는 아닙니다. 노드 B를 그냥 두어도 큰 문제는 없지만, 사용하지 않는 노드는 메모리에서 지우는 것이 바람직합니다.

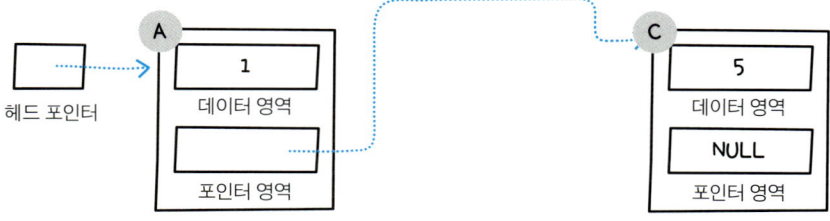

원형 연결 리스트

단순 연결 리스트는 임의의 노드에서부터 이전에 위치한 노드에 접근할 수 없고, 다시 헤드 포인터로부터 시작해야 합니다. 이런 제약을 해결하기 위한 한 가지 구조가 원형 연결 리스트로 마지막 노드의 포인터 영역이 첫 번째 노드를 가리킵니다.

다음은 원형 연결 리스트의 예입니다.

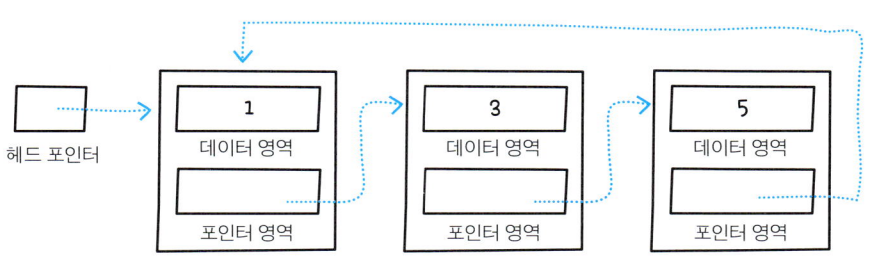

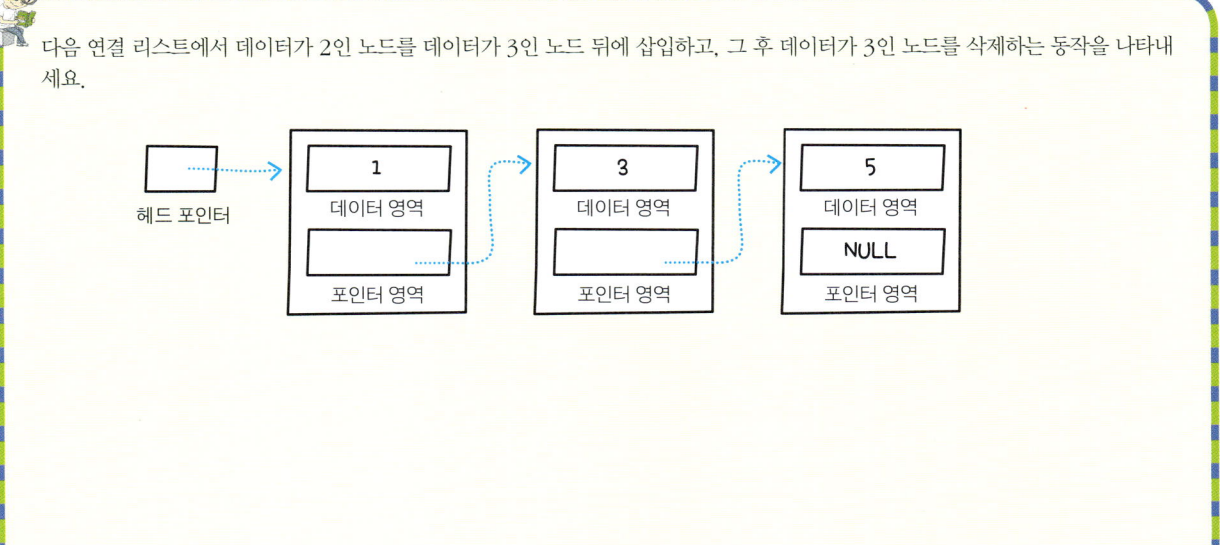

다음 연결 리스트에서 데이터가 2인 노드를 데이터가 3인 노드 뒤에 삽입하고, 그 후 데이터가 3인 노드를 삭제하는 동작을 나타내세요.

12.4

이중 연결 리스트

학습목표 각 노드에 다음 노드를 가리키는 포인터 영역과 이전 노드를 가리키는 포인터 영역을 갖고 있는 이중 연결 리스트에 대해 알아봅니다.

단순 연결 리스트에서는 각 노드가 다음 노드를 가리키고 있으나 이전 노드를 가리키지 않아 이전 노드로 접근할 수가 없습니다. 이런 제약을 해결한 구조가 이중 연결 리스트인데, 각 노드에 다음 노드를 가리키는 포인터 영역만이 아니라 이전 노드를 가리키는 포인터 영역도 있습니다.

그러면 이중 연결 리스트에서 데이터를 삽입하고, 삭제하는 동작에 대해 살펴보겠습니다.

데이터 삽입

다음과 같은 구조에서 노드 A와 노드 B 사이에 데이터 2를 삽입하는 동작을 살펴보겠습니다.

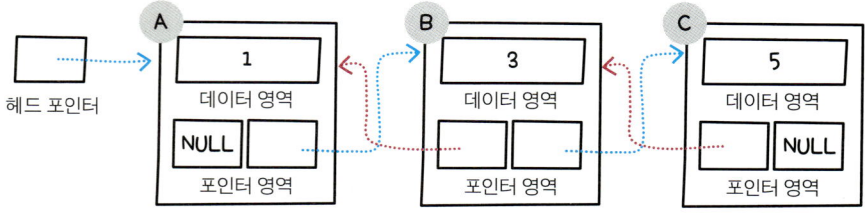

1 데이터 2를 저장할 노드 N을 생성하고, 데이터 영역에 2를 저장합니다.

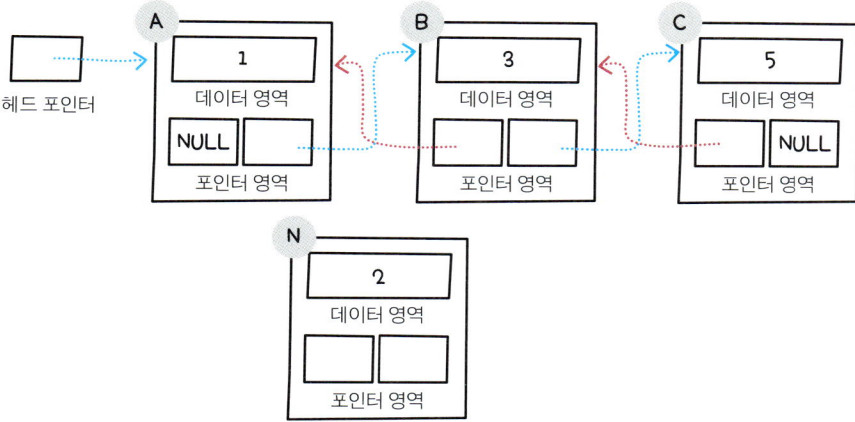

2 새롭게 생성된 노드 N의 이전 노드 포인터 영역이 노드 A를 가리키게 합니다.

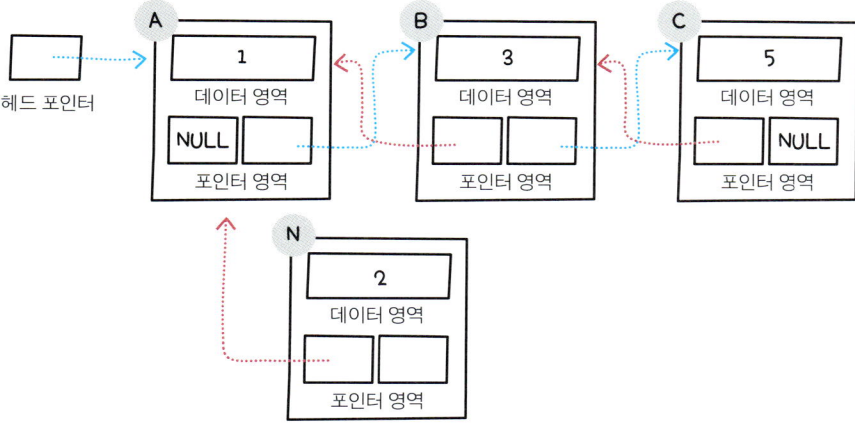

3 노드 A의 다음 노드 포인터 영역이 가리키는 곳인 노드 B를 노드 N의 다음 노드 포인터 영역이 가리키게 합니다.

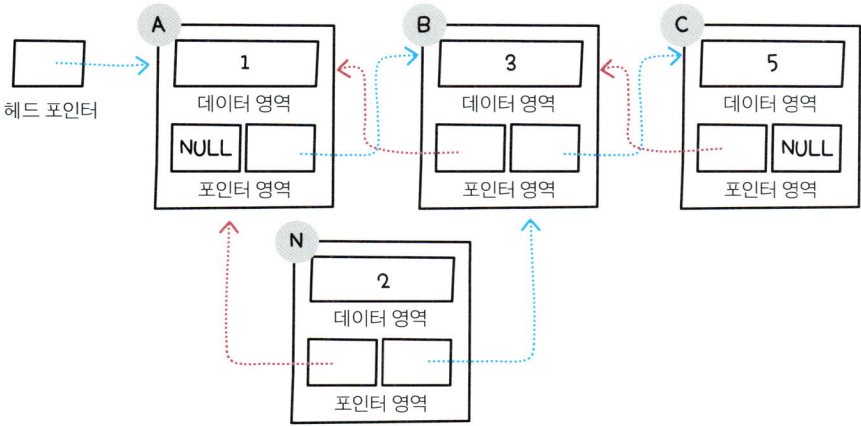

4 노드 B의 이전 노드 포인터 영역이 노드 N을 가리키게 합니다.

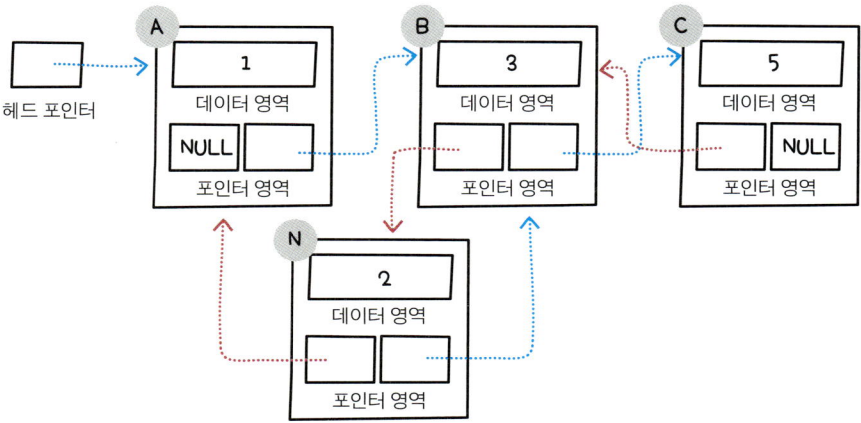

5 노드 A의 다음 노드 포인터 영역이 노드 N을 가리키게 하면 삽입 동작이 완료됩니다.

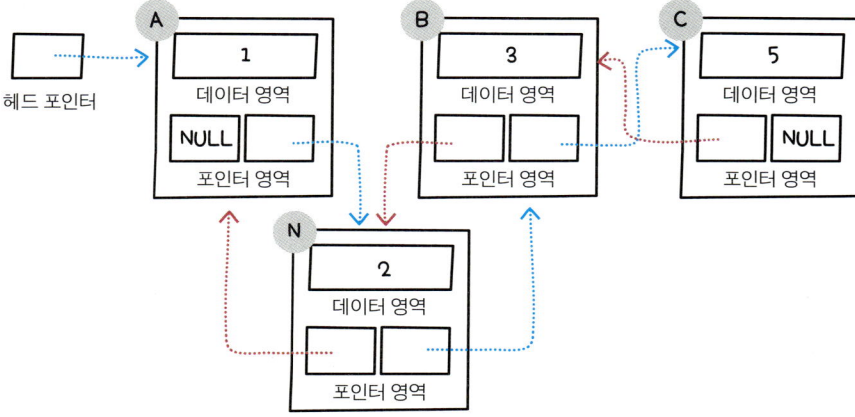

데이터 삭제

다음과 같은 구조에서 노드 B를 삭제하는 동작을 살펴보겠습니다.

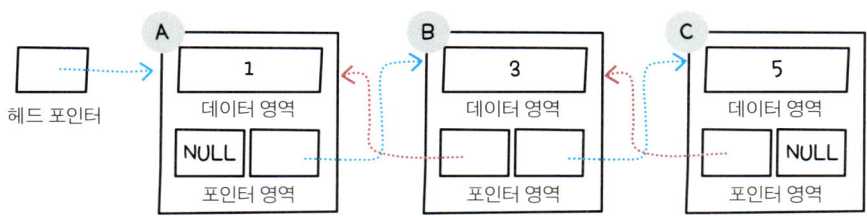

1 노드 B의 다음 노드 포인터 영역이 가리키는 곳인 노드 C를 노드 A의 다음 노드 포인터 영역이 가리키게 합니다.

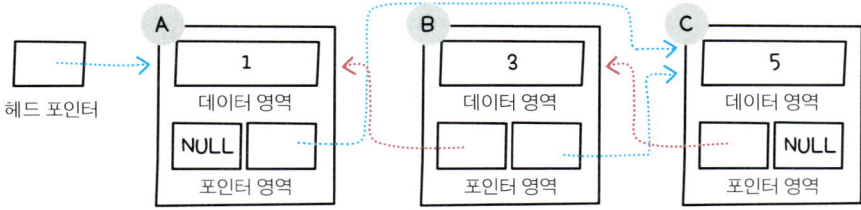

2 노드 B의 이전 노드 포인터 영역이 가리키는 곳인 노드 A를 노드 C의 이전 노드 포인터 영역이 가리키게 합니다. 그러면 노드 A의 다음 노드는 노드 C가 되어, 노드 B는 연결 리스트에서 제거됩니다.

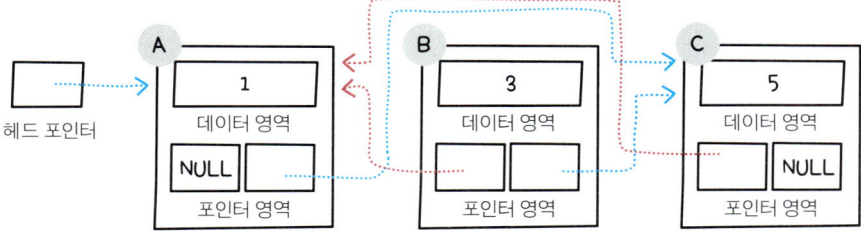

3 노드 B를 주기억장치에서 삭제하면 삭제 동작이 완료됩니다.

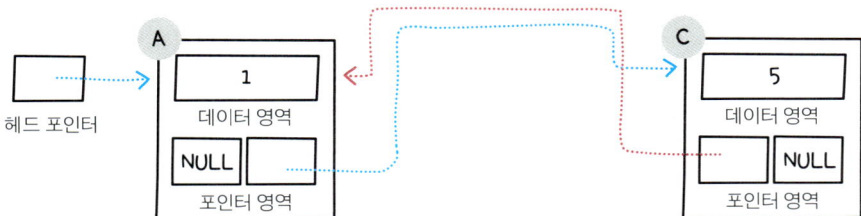

13장

스택

프로그램의 데이터 간의 관계를 데이터 구조라 하는데, 대표적인 구조로 스택이 있습니다. 스택은 데이터 삽입과 삭제가 한쪽 방향에서만 일어나는 구조로, 가장 나중에 삽입된 데이터가 가장 먼저 삭제됩니다. 이 장에서는 스택 구조를 살펴보고 스크래치를 이용해서 스택처럼 동작하는 프로젝트를 만들어보겠습니다.

13.1 스택이란

학습목표 데이터의 삽입과 삭제가 한쪽 방향에서만 일어나는 구조인 스택에 대해 알아봅니다.

실전 13-1

 생·각·해·보·기 똑똑하게 주차 관리하기

주차장이 협소한 ○○식당 주차장에 다음과 같이 A, B, C, D 네 대의 차가 주차되어 있습니다. 식사를 마친 손님들이 A, D, C, B 순서로 주차장을 빠져 나오려 한다면 동작 과정은 어떻게 될까요? (단, 모든 차는 화살표 방향으로만 이동이 가능합니다.)

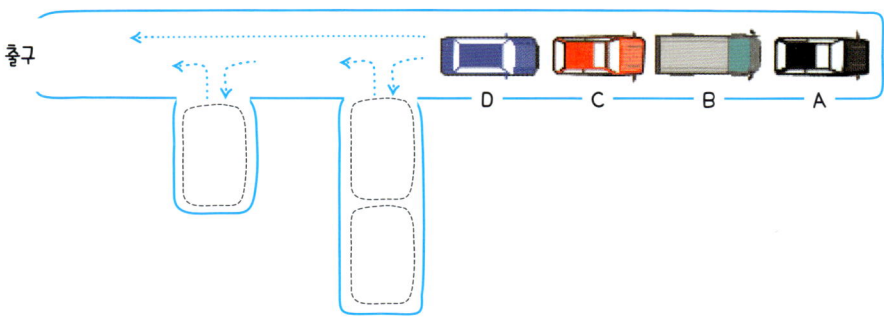

프로그램에서 어떻게 데이터를 구성하느냐에 따라 프로그램의 데이터 처리 속도가 크게 달라집니다. 그러므로 데이터를 처리하는 프로그램을 작성하기 전에 어떤 상황에 어떤 방법을 사용하는 것이 바람직한지 알아야 합니다.

데이터 구조란 프로그램에서 데이터들 간의 관계를 의미합니다. 데이터 구조에는 스택, 큐, 그래프, 트리 등이 있는데 이 장에서는 스택을 살펴보겠습니다.

컴퓨터 내부에서 많이 사용되는 데이터 구조인 스택은 데이터 삽입과 삭제가 한쪽 방향에서만 일어나는 구조입니다. 테니스 공 케이스를 본 적이 있나요? 테니스 공 케이스는 공을 넣는 곳과 빼는 곳의 방향이 같아 가장 최근에 넣은 공이 가장 먼저 나옵니다. 이런 테니스 공 케이스가 스택의 좋은 예라 할 수 있습니다.

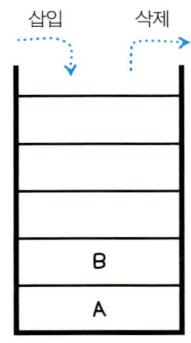

이처럼 스택은 가장 나중에 들어간 데이터가 가장 먼저 나오므로 Last-In First-Out이라는 영어 표현의 머리글자를 따서 LIFO라고도 합니다. 그리고 한자로는 후입선출이라고도 합니다.

그러면 스택에 데이터를 삽입하고 삭제하는 동작을 살펴보겠습니다.

스택
컴퓨터 자료 구조의 한 형태로 데이터의 삽입과 삭제가 오로지 한 방향에서만 일어납니다. 병원이나 은행 등에서 볼 수 있는 다 쓴 종이컵을 버리는 종이컵 수거기를 생각해봅시다.

데이터 삽입

스택 구조에는 top 변수가 있는데 데이터를 삽입하거나 삭제할 위치를 가리킵니다. 초기 상태의 스택에 데이터 10을 삽입하는 동작은 다음과 같습니다.

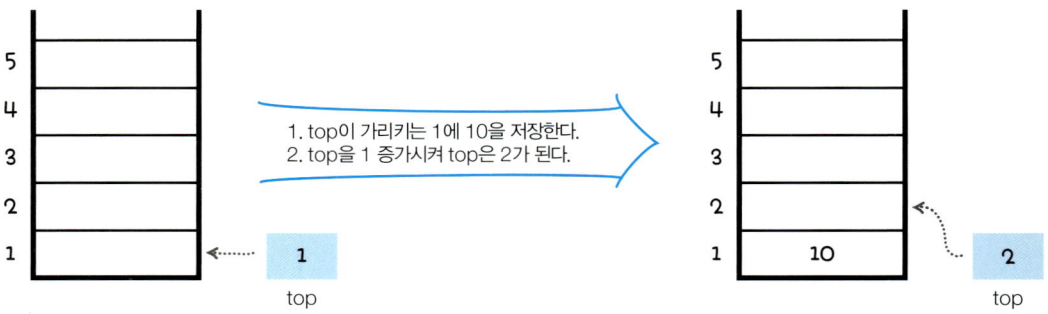

이와 같은 동작으로 스택에 4개의 데이터를 추가로 삽입하면 다음과 같이 스택이 가득 차게 되고, top은 6이 됩니다.

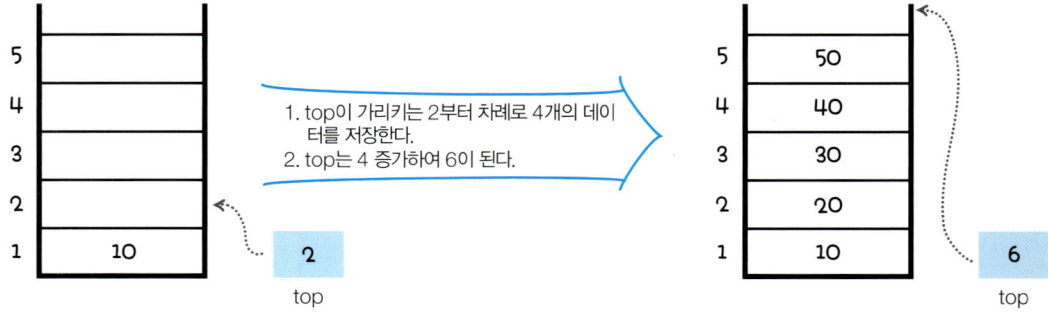

이처럼 top이 스택의 크기보다 1 클 때는 스택이 가득 찬 것을 의미하므로 더 이상 데이터를 삽입할 수 없습니다. 그러므로 스택에 데이터를 삽입하기 전에 스택이 가득 찼는지를 확인하는 과정을 거쳐야 합니다.

스택에 데이터를 삽입하는 동작을 정리하면 다음과 같습니다.

```
if (top이 스택 크기보다 작거나 같나) then
        데이터를 스택의 top 위치에 삽입
        top을 1 증가
else
        스택이 가득 차서 데이터를 삽입하지 못함
```

데이터 삭제

다음과 같은 상태의 스택에서 데이터를 삭제하는 동작을 살펴보겠습니다.

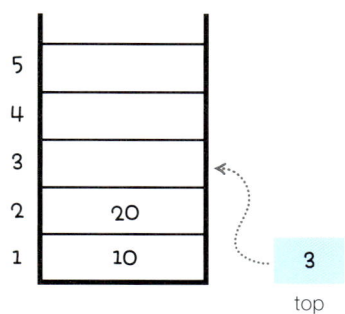

데이터 삭제는 top을 1 감소시키고 top이 가리키는 위치의 데이터를 삭제합니다.

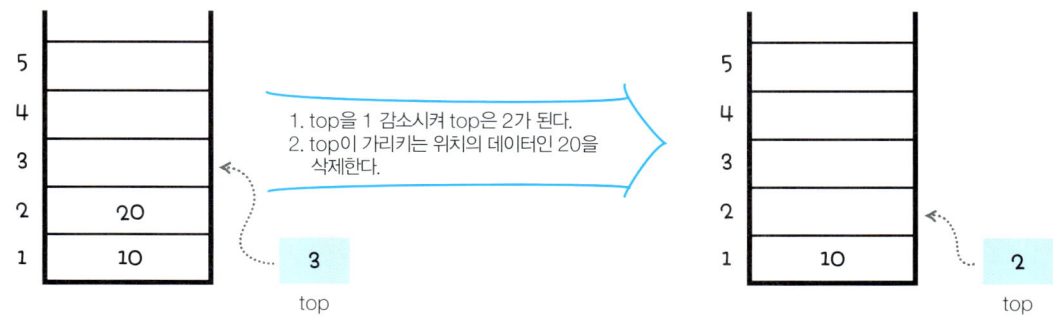

이 상태에서 또 다시 데이터를 삭제하면 스택은 비게 되고 top은 1이 됩니다.

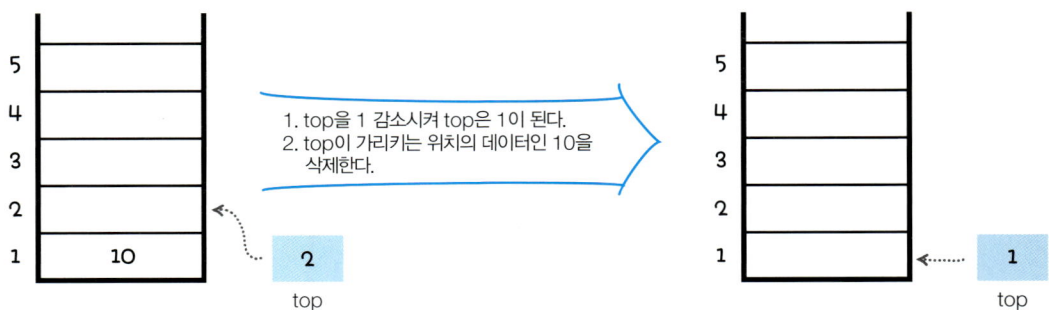

top이 1이라는 것은 스택이 빈 상태를 의미하므로 더 이상 데이터를 삭제할 수 없습니다. 그러므로 스택에서 데이터를 삭제하기 전에 스택이 비었는지를 확인하는 과정을 거쳐야 합니다.

스택의 데이터를 삭제하는 동작을 정리하면 다음과 같습니다.

```
if (top이 1보다 크나) then
        top을 1 감소
        top 위치의 데이터 삭제
else
        스택이 비어서 데이터를 삭제하지 못함
```

그러면 컴퓨터에서 스택 구조를 이용해 연산하는 방법에 대해 살펴보겠습니다.

13.2

스택을 이용한 연산

 **학습목표** 스택을 이용해서 후위 표기법 형식의 수식을 연산하는 방법에 대해 알아봅니다.

컴퓨터에서 스택을 이용해서 연산하는 방법에 대해 살펴보겠습니다.

수식이 주어지면 우선 후위 표기법으로 전환합니다. 그리고 피연산자인 경우에는 스택에 삽입하고 연산자인 경우에는 스택에서 두 개의 값을 꺼내 연산하고 결과를 스택에 삽입합니다. 이런 모든 과정을 마친 후 스택에 최종적으로 남은 값이 연산 결과입니다.

그러면 이런 연산 과정을 다음 수식 예를 통해 살펴보겠습니다.

$$(4 + 2) \times (3 - 5)$$

잠깐만!

후위 표기법

우리가 일반적으로 사용하는 수식은 연산자를 피연산자 가운데에 위치시키기 때문에 중위 표기법이라 합니다.

    4 + 2

얀 루카시에비치는 전위 표기법과 후위 표기법을 고안했습니다. 전위 표기법은 연산자를 피연산자 앞에 위치시키는 수식 표기법이고, 후위 표기법은 연산자를 피연산자 뒤에 위치시키는 수식 표기법입니다.
다음은 표기법을 비교한 예입니다.

중위 표기법	전위 표기법	후위 표기법
4 + 2	+ 4 2	4 2 +
(4 + 2) × 3	× + 4 2 3	4 2 + 3 ×
(4 + 3) × (5 − 2)	× + 4 3 − 5 2	4 3 + 5 2 − ×

---

4 2 + 3 5 - ×   **1** 주어진 수식을 후위 표기법으로 변환했습니다.

2 4는 피연산자이므로 스택에 삽입합니다.

4 2 + 3 5 - ×

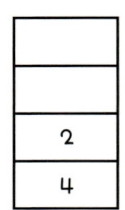

3 2는 피연산자이므로 스택에 삽입합니다.

4 2 + 3 5 - ×

4 +는 연산자이므로 스택에서 두 개의 데이터를 꺼내와서 처리해야 합니다. 스택에서 꺼낸 두 개의 데이터 ①과 ②는 2와 4이므로 4+2 연산을 수행(③)하여 그 결과인 6을 스택에 삽입(④)합니다.

4 2 + 3 5 - ×

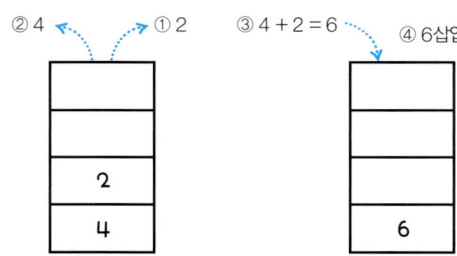

②4 ➔ ①2   ③4＋2＝6   ④6삽입

5 피연산자 3을 스택에 삽입합니다.

4 2 + 3 5 - ×

6 피연산자 5를 스택에 삽입합니다.

4 2 + 3 5 - ×

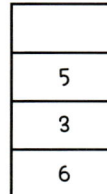

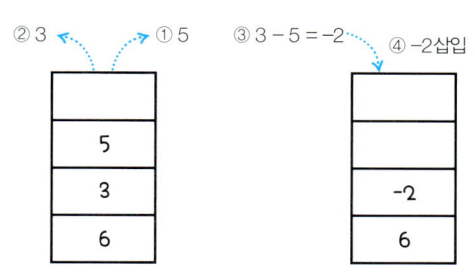

7 − 연산자를 처리합니다. 스택에서 데이터 5와 3을 꺼내(①과 ②) 3−5연산(③) 결과인 −2를 스택에 삽입(④)합니다.

4 2 + 3 5 − ×

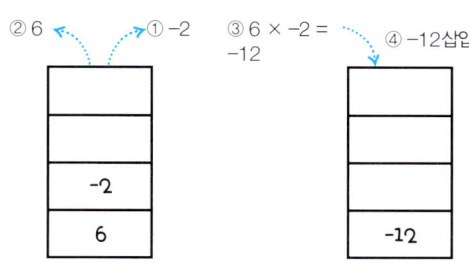

8 × 연산자를 처리합니다. 스택에서 −2와 6을 꺼내어(①과 ②) 6×−2 연산(③) 결과인 −12를 스택에 삽입(④)합니다. 결국 −12 가 연산 결과가 됩니다.

4 2 + 3 5 − ×

후위 표기법과 스택을 활용한 연산 결과는 −12입니다. 처음 주어진 수식 $(4 + 2) \times (3 - 5)$를 계산했을 때의 결과와 같나요?

$$(4 + 2) \times (3 - 5) = 6 \times -2$$
$$= -12$$

13.3

프로젝트 미리 실행하기 | https://scratch.mit.edu/projects/49086760

프로젝트 **스택**

학습목표 스택처럼 동작하는 프로젝트를 만들어봅니다.

앞에서 살펴본 스택을 스크래치로 만들어보겠습니다.

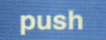

1 스프라이트 저장소의 'Button2'를 이용해서 왼쪽과 같은 두 개의 스프라이트를 만듭니다.

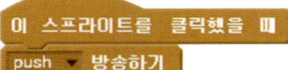

2 push 스프라이트로 이동해서 이 스프라이트를 클릭하면 'push' 메시지를 방송하는 스크립트를 작성합니다.

3 pop 스프라이트로 이동해서 이 스프라이트를 클릭하면 'pop' 메시지를 방송하는 스크립트를 작성합니다.

4 고양이 모양의 기본 스프라이트로 이동해서 '스택' 리스트, '스택크기' 변수, 'top' 변수를 만들고 왼쪽처럼 초기화합니다.

5 스택에 데이터를 삽입하려면 스택이 가득 찼는지를 먼저 확인해야 합니다. 조건식이 참이면 데이터를 삽입할 수 있고 거짓이면 스택이 가득 차서 데이터를 삽입하지 못하는 조건 구조를 만들고자 합니다. 그렇다면 (1)에 어떤 내용이 들어가야 할지 생각해보고 채우기 바랍니다.

```
push ▼ 을(를) 받았을 때
만약                    1                    라면
아니면
```

6 조건식이 참이면 데이터를 입력받아 '스택' 리스트에 삽입합니다. 그리고 'top'을 1 증가시킵니다.

```
push ▼ 을(를) 받았을 때
만약                                    라면
    데이터 : 묻고 기다리기
    대답 을(를) top 번째 스택 ▼ 에 넣기
    top ▼ 을(를) ① 만큼 바꾸기
아니면
```

7 조건식이 거짓이면 스택이 가득 찼다는 말을 합니다.

```
push ▼ 을(를) 받았을 때
만약                                    라면
    데이터 : 묻고 기다리기
    대답 을(를) top 번째 스택 ▼ 에 넣기
    top ▼ 을(를) ① 만큼 바꾸기
아니면
    스택이 가득찼습니다. 을(를) ② 초동안 말하기
```

8 스택에서 데이터를 삭제하려면 스택이 비었는지 먼저 확인해야 합니다. 조건식이 참이면 데이터를 삭제할 수 있고 거짓이면 스택이 비어서 데이터를 삭제하지 못하는 조건 구조를 만들고자 합니다. 그렇다면 (2) 에 어떤 내용이 들어가야 할지 생각해 보고 채우기 바랍니다.

9 조건식이 참이면 'top'을 1 감소시키고 삭제될 데이터를 말합니다. 그리고 '스택'에서 'top'번째 항목을 삭제합니다.

10 조건식이 거짓이면 스택이 비었다는 말을 합니다.

14장

큐

스택만큼 중요한 데이터 구조로 큐가 있습니다. 큐는 한쪽 방향으로 데이터가 삽입되고 반대 방향으로 데이터가 삭제되는 구조로, 가장 먼저 삽입된 데이터가 가장 먼저 삭제됩니다.
이 장에서는 큐 구조에 대해 살펴보고, 스크래치를 이용해서 큐처럼 동작하는 프로젝트를 만들어보겠습니다.

14.1

큐란

학습목표 한쪽 방향에서 데이터가 삽입되고 반대 방향으로 데이터가 삭제되는 구조인 큐에 대해 알아봅니다.

스택은 데이터의 삽입과 삭제가 한쪽 방향에서만 일어나는 구조인데 반해 큐는 한쪽 방향으로 데이터가 삽입되고 반대 방향으로 데이터가 삭제되는 구조입니다. 마트에서는 계산대에 먼저 도착한 고객이 먼저 계산하고 나가는데 큐의 좋은 예라 할 수 있습니다.

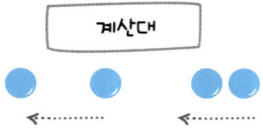

이처럼 큐는 가장 먼저 들어간 데이터가 가장 먼저 나오므로 First-In First-Out이라는 영어 표현의 머리글자를 따서 FIFO라고도 합니다. 그리고 한자로는 선입선출이라고도 합니다.

이런 큐 구조에는 front와 rear 변수가 있는데, front는 첫 번째 데이터가 저장된 위치를 가리키고, rear는 새로운 데이터가 삽입될 위치를 가리킵니다. 그러면 큐에 데이터를 삽입하고 삭제하는 동작을 살펴보겠습니다.

데이터 삽입

초기 상태에는 큐가 비어 있으므로 front와 rear는 1이 됩니다.

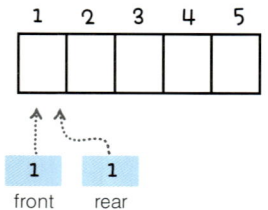

초기 상태의 큐에 데이터 10을 삽입하는 동작은 다음과 같습니다.

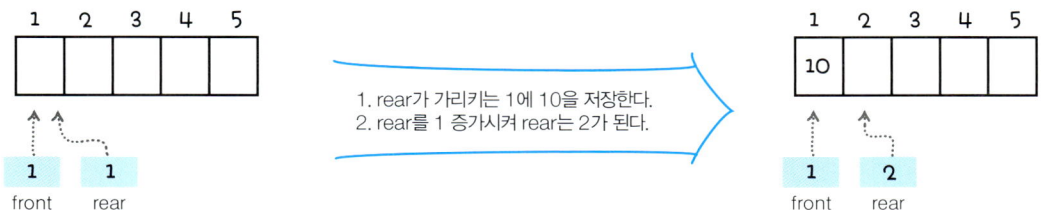

이와 같은 동작으로 큐에 4개의 데이터를 추가로 삽입하면 다음과 같이 큐가 가득 차게 되고, rear는 6이 됩니다.

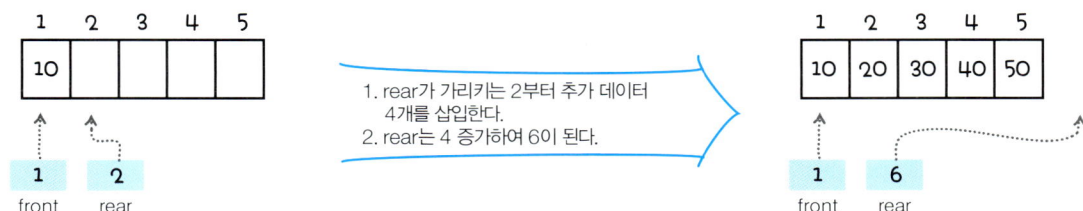

이처럼 rear가 큐의 크기보다 1 클 때는 큐가 가득 찬 것을 의미하므로 더 이상 데이터를 삽입할 수 없습니다. 그러므로 큐에 데이터를 삽입하기 전에 큐가 가득 찼는지를 확인하는 과정을 거쳐야 합니다.

큐에 데이터를 삽입하는 동작을 인큐(enQueue)라 하는데 정리하면 다음과 같습니다.

```
if (rear가 큐 크기보다 작거나 같나) then
        데이터를 큐의 rear 위치에 삽입
        rear를 1 증가
else
        큐가 가득 차서 데이터를 삽입하지 못함
```

데이터 삭제

다음과 같은 상태의 큐에서 데이터를 삭제하는 동작을 살펴보겠습니다.

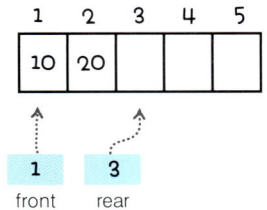

데이터 삭제는 front가 가리키는 위치의 데이터인 10을 삭제하고 front를 1 증가시킵니다.

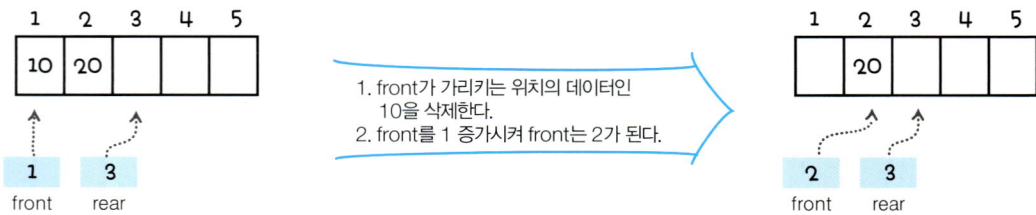

이 상태에서 또 다시 데이터를 삭제하면 큐는 비게 되고 front는 3이 되어 rear와 같게 됩니다.

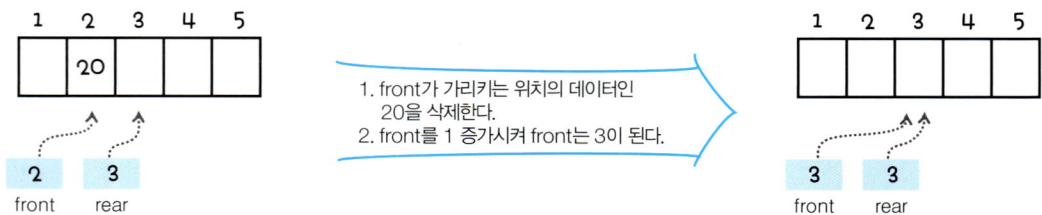

front와 rear가 같다는 것은 큐가 빈 상태를 의미하므로 더 이상 데이터를 삭제할 수 없습니다. 그러므로 큐에서 데이터를 삭제하기 전에 큐가 비었는지를 확인하는 과정을 거쳐야 합니다.

큐의 데이터를 삭제하는 동작을 디큐(deQueue)라 하는데 정리하면 다음과 같습니다.

```
if (front가 rear보다 작은가) then
        front 위치의 데이터 삭제
        front를 1 증가
else
        큐가 비어서 데이터를 삭제하지 못함
```

그런데 이런 식으로 동작하는 큐는 앞부분이 비어 있음에도 불구하고 rear가 큐의 크기보다 1 크면 데이터를 삽입하지 못하는 문제가 있습니다. 이런 문제를 해결하는 방안 중 하나가 원형 큐를 사용하는 것인데 다음 절에서 살펴보겠습니다.

14.2

원형 큐

학습목표 큐의 처음과 끝을 연결한 구조인 원형 큐에 대해 알아봅니다.

실전 14-1

 생·각·해·보·기 요세푸스 문제

12명의 사람이 원을 그리며 서 있습니다. 처음으로부터 세 번째에 위치한 사람을 제외하고, 그로부터 다시 세 번째에 위치한 사람을 제외하는데 최후에 한 사람이 남을 때까지 계속합니다. 마지막에 남게 되는 사람의 위치를 찾으세요.

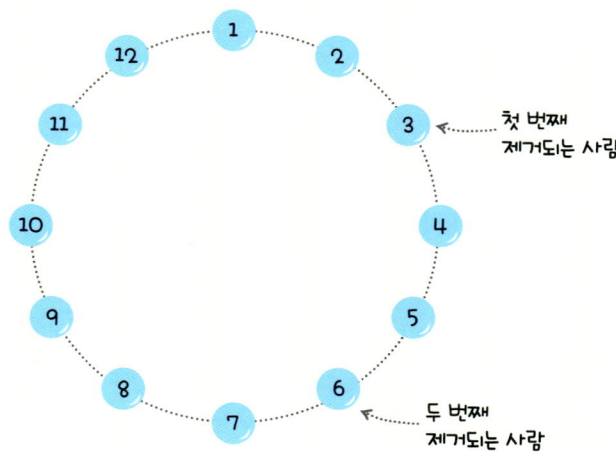

다음 상태에서는 큐의 앞부분이 비어 있음에도 rear가 큐의 크기보다 커서 데이터를 삽입할 수 없습니다.

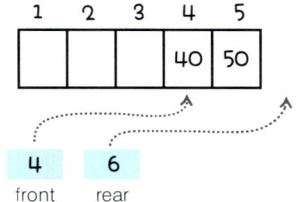

물론, 큐를 주기적으로 점검해 다음과 같이 뒷부분에 있는 데이터를 앞으로 옮겨도 문제는 해결되지만 시간이 많이 걸리므로 비효율적입니다.

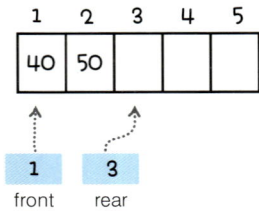

이런 문제점을 해결하는 바람직한 방법 중 하나가 원형 큐를 이용하는 것입니다. 원형 큐는 다음과 같이 처음과 끝을 연결한 구조로, 마지막 공간이 다음 큐의 시작점이 됩니다.

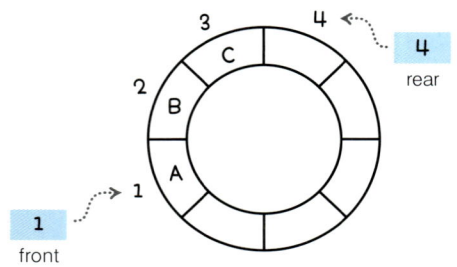

이와 같은 구조의 원형 큐에 A, B, C, D, E, F, G를 삽입하고, 3개의 데이터를 삭제하면 다음과 같이 됩니다.

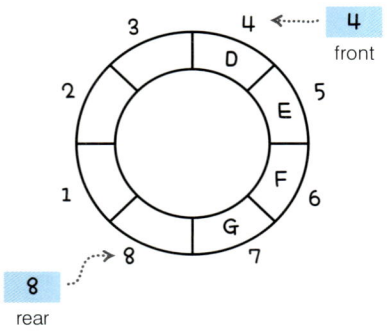

이와 같은 상태에 데이터 H를 삽입하면 다음과 같이 큐 8에 H가 삽입되고 rear가 1로 바뀝니다.

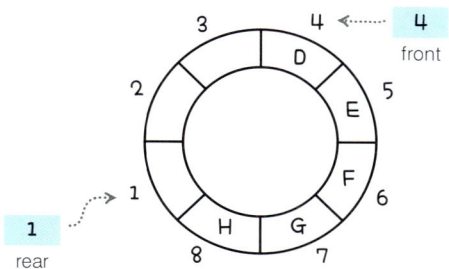

이 상태에서 또 다른 데이터인 I를 삽입하면 큐 1에 데이터가 삽입되어 일반적인 큐에서 발생하던 문제는 해결됩니다.

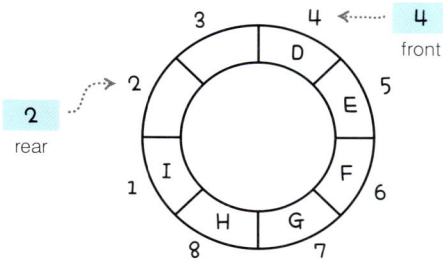

14.3

프로젝트 큐

학습목표 큐처럼 동작하는 프로젝트를 만들어봅니다.

앞에서 살펴본 큐를 스크래치로 만들어보겠습니다.

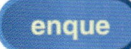

1 스프라이트 저장소의 'Button2'를 이용해서 왼쪽과 같은 두 개의 스프라이트를 만듭니다.

2 enque 스프라이트로 이동해서 이 스프라이트를 클릭하면 'enqueue' 메시지를 방송하는 스크립트를 작성합니다.

3 deque 스프라이트로 이동해서 이 스프라이트를 클릭하면 'dequeue' 메시지를 방송하는 스크립트를 작성합니다

4 고양이 모양의 기본 스프라이트로 이동해서 '큐' 리스트, '큐크기' 변수, 'front' 변수, 'rear' 변수를 만들고 왼쪽처럼 초기화합니다.

5 큐에 데이터를 삽입하려면 큐가 가득 찼는지를 먼저 확인해야 합니다. 조건식이 참이면 데이터를 삽입할 수 있고 거짓이면 큐가 가득 차서 데이터를 삽입하지 못하는 조건 구조를 만들고자 합니다. 그렇다면 (1)에 어떤 내용이 들어가야 할지 생각해보고 채우기 바랍니다.

```
enqueue ▼ 을(를) 받았을 때
만약                    1                    라면
아니면
```

6 조건식이 참이면 데이터를 입력받아 '큐' 리스트의 'rear'번째 위치에 삽입합니다. 그리고 'rear'를 1 증가시킵니다.

```
enqueue ▼ 을(를) 받았을 때
만약                                        라면
    데이터 : 묻고 기다리기
    대답 을(를) rear 번째 큐 ▼ 에 넣기
    rear ▼ 을(를) 1 만큼 바꾸기
아니면
```

7 조건식이 거짓이면 큐가 가득 찼다는 말을 합니다.

```
enqueue ▼ 을(를) 받았을 때
만약                                        라면
    데이터 : 묻고 기다리기
    대답 을(를) rear 번째 큐 ▼ 에 넣기
    rear ▼ 을(를) 1 만큼 바꾸기
아니면
    큐가 가득찼습니다. 을(를) 2 초 동안 말하기
```

8 큐에서 데이터를 삭제하려면 큐가 비었는지 먼저 확인해야 합니다. 조건식이 참이면 데이터를 삭제할 수 있고 거짓이면 큐가 비어서 데이터를 삭제하지 못하는 조건 구조를 만들고자 합니다. 그렇다면 2 에 어떤 내용이 들어가야 할지 생각해보고 채우기 바랍니다.

9 조건식이 참이면 삭제될 데이터를 말하고 '스택' 리스트의 'front' 위치의 데이터를 삭제합니다. 그리고 'front'를 1 증가시킵니다.

10 조건식이 거짓이면 큐가 비었다는 말을 합니다.

15장

트리

트리는 나무를 뒤집은 모습으로 가계도나 기업 조직도 등 계층 구조를 표현하기에 적합한 데이터 구조입니다.
이 장에서는 트리의 개념과 트리의 모든 데이터를 방문하는 방법에 대해 살펴보겠습니다.

15.1

트리란

학습목표 나무를 뒤집은 모양으로 계층 구조를 표현하기에 적합한 트리에 대해 알아봅니다.

잠깐만!

트리 구조
계층적으로 구성된 데이터를 논리적으로 표현한 데이터 구조. 데이터 구성을 보면 나무가 가지치듯 뻗어 있습니다.

트리는 나무를 뒤집은 모양으로 계층 구조를 표현하기에 적합한 데이터 구조입니다.

다음은 한 반의 조직도를 트리 구조로 나타낸 것인데, 원을 노드라 하고, 노드와 노드를 연결한 선을 간선이라 합니다. 특히 가장 위에 위치한 노드를 루트 노드라 하는데 루트 노드는 한 개만 있어야 합니다. 그리고 현우, 은희, 지영, …와 같이 마지막에 위치한 노드를 단말 노드 또는 리프 노드라 합니다.

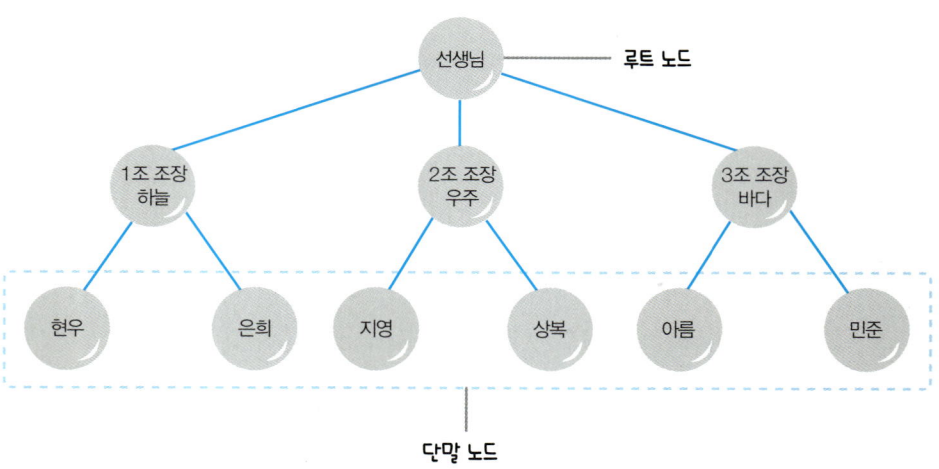

잠깐만!

단말 노드(리프 노드)
트리의 가장 마지막에 위치한 노드

다음 트리를 통해 몇 가지 용어를 더 살펴보겠습니다.

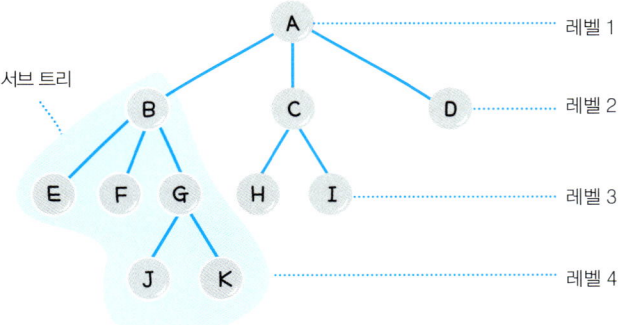

잠깐만!

노드
트리 구조로 표현된 그 래프에서 원을 노드라 합니다. 가장 상단을 루 트 노드라 하며 트리에 는 루트 노드가 단 하나 만 존재합니다.

트리에서 임의의 노드를 선택하면 선택한 임의의 노드와 해당 노드 아래에 있는 노드들은 다시 트리 구조가 됩니다. 이런 구조를 '서브 트리'라 합니다. 이때 흔히 임의의 노드를 기준 으로 조상과 자손을 지칭할 수 있는데, 임의의 노드 바로 위에 있는 노드를 '부모 노드'라 하 고, 바로 아래에 있는 노드를 '자식 노드'라 합니다. 그리고 부모 노드가 같은 노드를 '형제 노드'라 합니다.

앞의 그림에서 노드 B를 기준으로 조상과 자손을 구분지어 볼까요? 노드 B의 부모 노드는 노드 A고, 자식 노드는 노드 E, 노드 F, 노드 G입니다. 또한 노드 C, 노드 D가 노드 B의 형제 노드입니다.

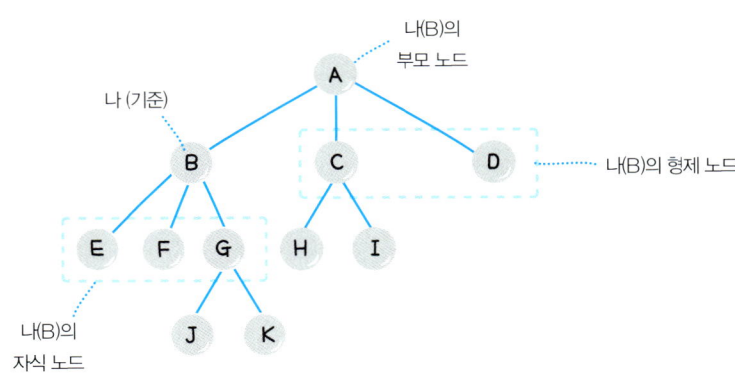

하나 더, 루트 노드에서 임의의 노드까지 방문한 노드의 수를 '레벨'이라 하는데, 노드 E의 레벨은 3이 됩니다. 그리고 트리의 최대 레벨을 '깊이'라 하는데 최대 레벨은 4이므로 깊이 는 4가 됩니다.

트리에 대한 용어를 살펴보았습니다. 그러면 트리 중 가장 많이 사용되는 구조인 이진 트리 에 대해 살펴보겠습니다.

15.2
이진 트리

학습목표 모든 노드의 자식 노드가 두 개 이하인 이진 트리에 대해 알아봅니다.

실전 15-1

 생·각·해·보·기 수식을 트리 구조로 표현하기

다음과 같이 수식을 트리 구조로 표현한다고 가정해보자.

2 + 3	2 × (3 + 4)
 ＋ 2　　3	× 2　　＋ 3　　4

1부터 9까지의 정수와 ＋, －, ×, ÷ 연산자를 다음 트리에 채워서 연산 결과가 5가 되도록 하세요. 단, 1부터 9까지의 정수 각각은 한 개만 사용할 수 있고, 각 연산자는 여러 개 사용할 수 있습니다.

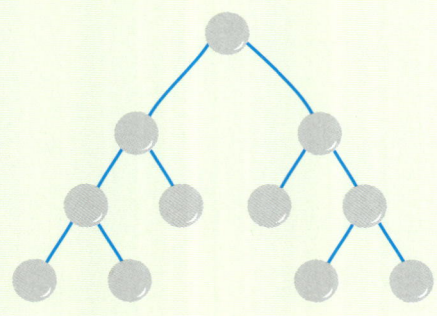

이진 트리는 모든 노드의 자식 노드가 두 개 이하인 트리를 의미하는데, 다음 예를 살펴봅시다. 이런 이진 트리에서는 서브 트리가 두 개 이하여서 서브 트리를 왼쪽 서브 트리와 오른쪽 서브 트리로 구분합니다.

이진 트리
모든 노드의 자식 노드가 두 개 이하인 트리

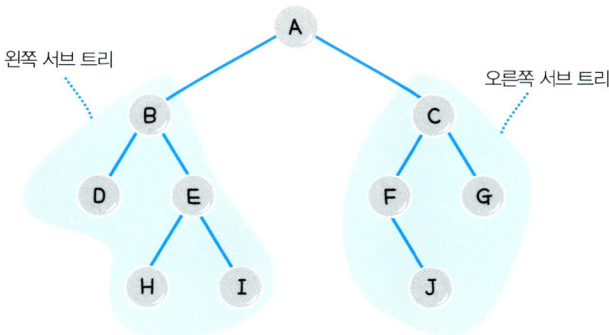

그리고 단말 노드를 제외한 나머지 노드가 두 개의 자식 노드를 가지고 있는 트리를 '완전 이진 트리'라 합니다. 다음 트리가 완전 이진 트리의 예인데, A, B, C, D 노드는 모두 두 개의 자식 노드를 가지고 있습니다.

완전 이진 트리
단말 노드 외의 다른 모든 노드가 자식이 둘인 트리

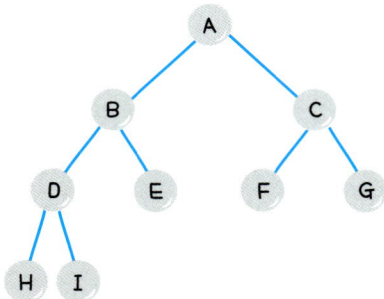

특히 다음과 같이 모든 노드가 채워진 이진 트리를 '포화 이진 트리'라 합니다.

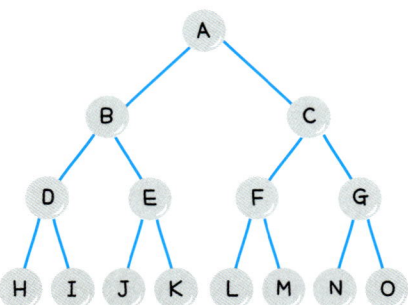

이진 트리는 배열이나 연결 리스트를 이용해서 구현할 수 있는데, 일반적으로 사용되는 방법이 연결 리스트이므로 이에 대해 살펴보겠습니다. 연결 리스트로 구현한 이진 트리의 각 노드는 다음과 같이 데이터 영역, 왼쪽 자식 포인터 영역, 오른쪽 자식 포인터 영역으로 구성됩니다.

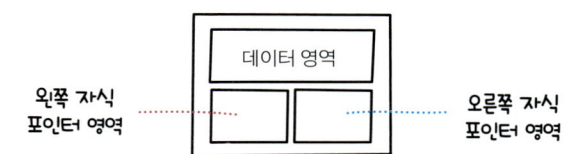

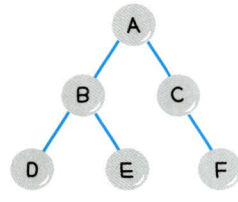

왼쪽 이진 트리를 연결 리스트로 나타내보겠습니다.

연결 리스트를 이용해서 나타내면 다음과 같습니다. 루트 포인터가 루트 노드를 가리키고, 각 노드의 왼쪽 자식 포인터 영역은 왼쪽 자식 노드를 가리키고, 오른쪽 자식 포인터 영역은 오른쪽 자식 노드를 가리킵니다. 그리고 가리킬 자식 노드가 없을 경우에는 포인터 영역에 NULL을 저장합니다.

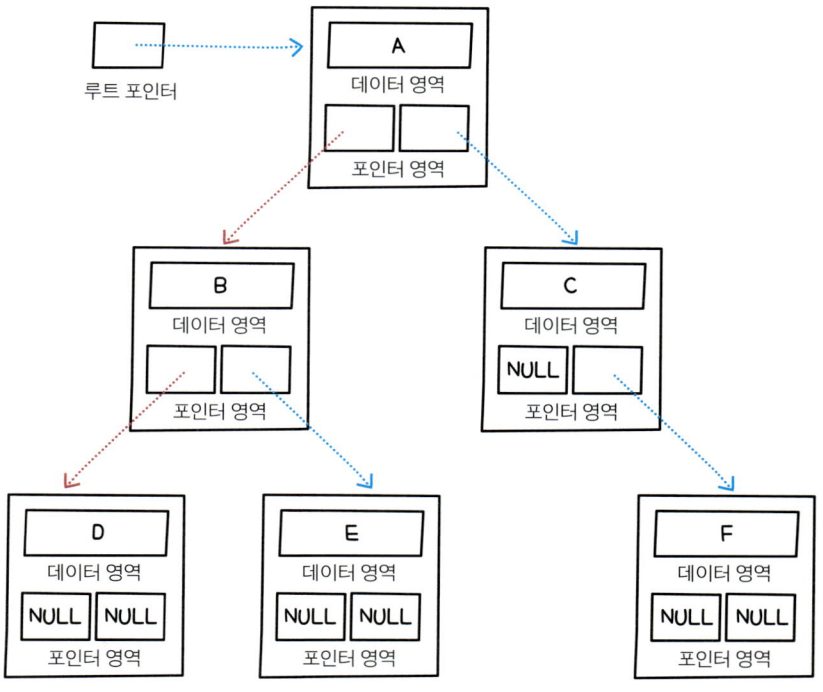

15.3

이진 트리의 순회

학습목표 이진 트리의 모든 데이터를 방문하는 방법에 대해 알아봅니다.

이진 트리의 순회란 이진 트리의 모든 노드를 특정한 순서대로 한 번씩 방문하는 것입니다. 순회하는 방법에는 전위 순회, 중위 순회, 후위 순회가 있습니다.

전위 순회는 노드(루트)를 먼저 방문하고 왼쪽 서브 트리, 오른쪽 서브 트리 순으로 방문하는 방법입니다. 그리고 중위 순회는 왼쪽 서브 트리, 노드, 오른쪽 서브 트리 순으로 방문하고, 후위 순회는 왼쪽 서브 트리, 오른쪽 서브 트리, 노드 순으로 방문하는 방법입니다.

전위 순회

전위 순회 절차는 다음과 같습니다.

노드 방문 ➡ 왼쪽 서브 트리 방문 ➡ 오른쪽 서브 트리 방문

동작 과정을 예를 통해 살펴보겠습니다.

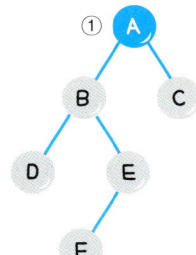

1 순회는 루트 노드부터 시작하므로 루트 노드 A를 가장 먼저 방문합니다.

A

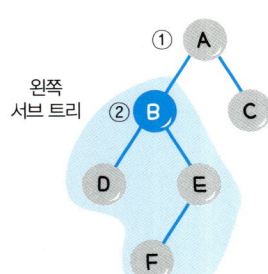

2 루트 노드 A의 왼쪽 서브 트리를 방문해야 합니다. 그러므로 A 노드의 왼쪽 서브 트리에서 노드인 B를 방문합니다.

A → B

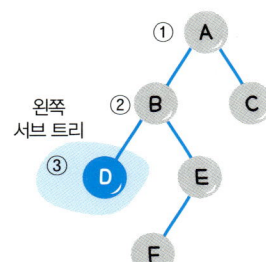

3 노드 B의 왼쪽 서브 트리를 방문해야 하므로 노드 B의 왼쪽 서브 트리에서 D 노드를 방문합니다.

A → B → D

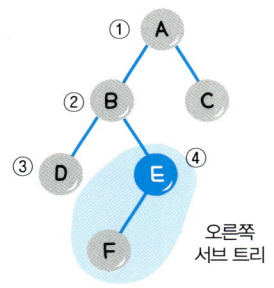

4 노드 B의 왼쪽 서브 트리에 대한 방문이 끝났으므로 노드 B의 오른쪽 서브 트리를 방문해야 합니다. 그러므로 노드 B의 오른쪽 서브 트리의 노드인 E를 방문합니다.

A → B → D → E

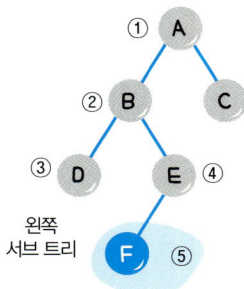

5 노드 E의 왼쪽 서브 트리에서 노드인 F를 방문합니다.

A → B → D → E → F

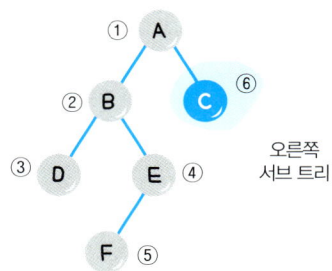

6 루트 노드 A의 왼쪽 서브 트리에 대한 모든 방문이 끝났으므로 노드 A의 오른쪽 서브 트리를 방문해야 합니다. 그러므로 노드 A의 오른쪽 서브 트리에서 노드인 C를 방문합니다. 모든 노드의 방문이 완료됩니다.

A→B→D→E→F → C

중위 순회

중위 순회 절차는 다음과 같습니다.

왼쪽 서브 트리 방문 ➔ 노드 방문 ➔ 오른쪽 서브 트리 방문

동작 과정을 예를 통해 살펴보겠습니다.

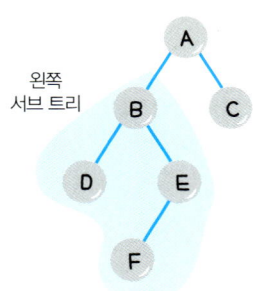

1 루트 노드의 왼쪽 서브 트리를 방문합니다.

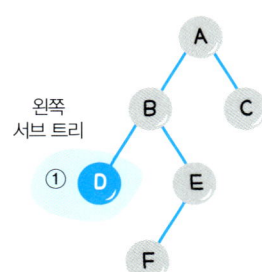

2 노드 B의 왼쪽 서브 트리를 방문합니다. 그러므로 노드 B의 왼쪽 서브 트리의 노드 D를 방문합니다.

D

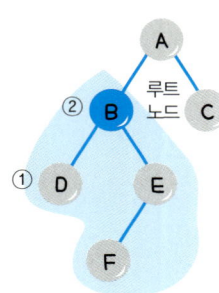

3 노드 B의 왼쪽 서브 트리에 대한 방문이 끝났으므로 루트 노드인 B를 방문합니다.

D → B

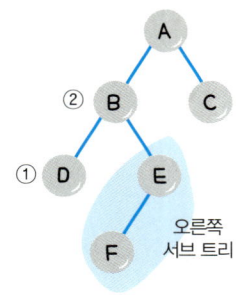

4 노드 B의 오른쪽 서브 트리를 방문합니다. 노드 B의 오른쪽 서브 트리의 루트 노드는 E입니다.

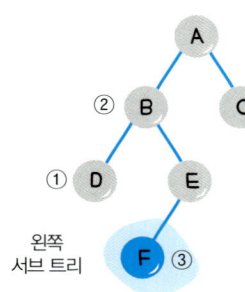

5 노드 E의 왼쪽 서브 트리를 방문해야 하므로 노드 F를 방문합니다.

D → B → F

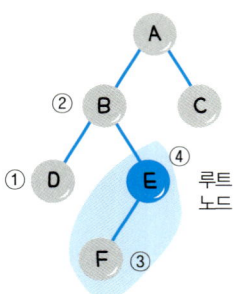

6 노드 E의 왼쪽 서브 트리에 대한 방문이 끝났으므로 루트 노드인 E를 방문합니다.

D → B → F → E

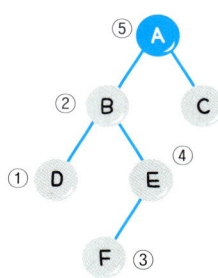

7 노드 A의 왼쪽 서브 트리에 대한 방문이 모두 끝났으므로 노드 A를 방문합니다.

D→B→F→E→A

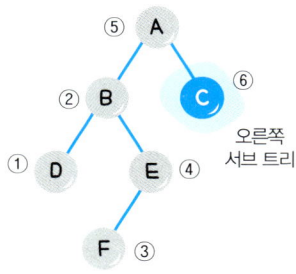

8 노드 A의 오른쪽 서브 트리를 방문합니다. 그러므로 노드 C를 방문합니다. 모든 노드의 방문이 완료됩니다.

D→B→F→E→A → C

후위 순회

후위 순회 절차는 다음과 같습니다.

왼쪽 서브 트리 방문 ➜ 오른쪽 서브 트리 방문 ➜ 노드 방문

동작 과정을 예를 통해 살펴보겠습니다.

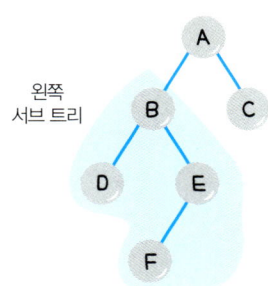

1 노드 A의 왼쪽 서브 트리를 방문합니다.

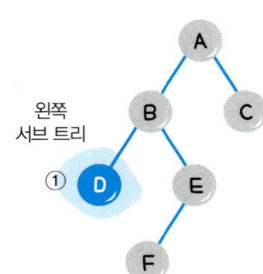

2 노드 B의 왼쪽 서브 트리를 방문합니다. 그러므로 노드 B의 왼쪽 서브 트리의 노드 D를 방문합니다.

D

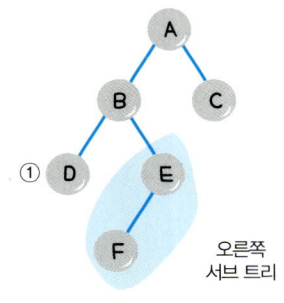

3 노드 B의 왼쪽 서브 트리에 대한 방문이 끝났으므로 노드 B의 오른쪽 서브 트리를 방문합니다. 노드 B의 오른쪽 서브 트리의 루트 노드는 E입니다.

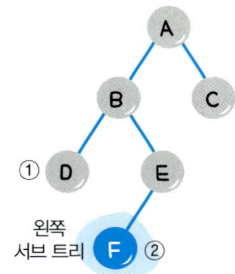

4 노드 E의 왼쪽 서브 트리를 방문해야 하므로 노드 F를 방문합니다.

D → F

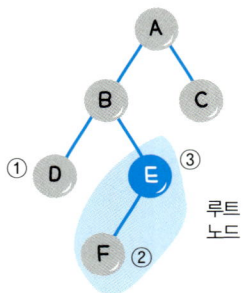

5 노드 E의 왼쪽 서브 트리에 대한 방문이 끝났으므로 오른쪽 서브 트리를 방문해야 하는데 없으므로 노드 E를 방문합니다.

D → F → E

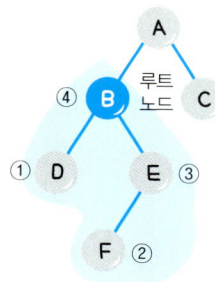

6 노드 B의 왼쪽 서브 트리와 오른쪽 서브 트리에 대한 방문이 끝났으므로 노드 B를 방문합니다.

D→F→E→B

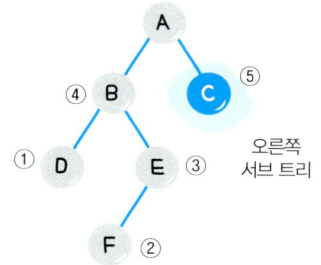

7 노드 A의 왼쪽 서브 트리에 대한 방문이 끝났으므로 오른쪽 서브 트리로 옮겨 노드 C를 방문합니다.

D→F→E→B→C

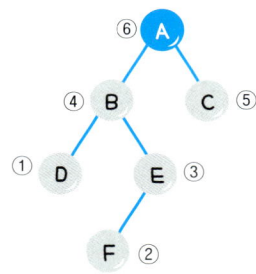

8 노드 A의 왼쪽 서브 트리와 오른쪽 서브 트리에 대한 방문이 끝났으므로 노드 A를 방문합니다. 모든 노드의 방문이 완료됩니다.

D→F→E→B→C→A

실전 15-2

도·전·해·보·기

다음 이진 트리를 전위, 중위, 후위 순회했을 때의 순서를 나열하세요.

• 전위 순회

• 중위 순회

• 후위 순회

16장

그래프

그래프는 도시 간의 관계, 통신망 등 데이터 간의 관계를 점과 선으로 표현한 데이터 구조입니다.
이 장에서는 그래프의 개념과 그래프의 모든 데이터들을 방문하는 방법에 대해 살펴보겠습니다.

16.1
그래프란

데이터 간의 관계를 점과 선으로 표현하는 그래프에 대해 알아봅니다.

실전 16-1

 생·각·해·보·기 이동 경로 표로 나타내기

다음 지도의 →는 출발지에서 도착지로의 이동 경로를 의미하고, 표는 도시와 이동 경로의 관계를 나타낸 것으로, 이동 경로가 있으면 1, 그렇지 않으면 0으로 표현했습니다.

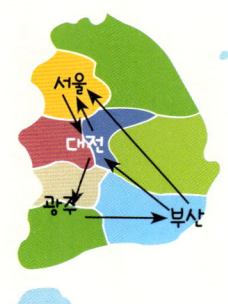

	도착지			
출발지	서울	대전	광주	부산
서울	O	1	O	O
대전	1	O	1	O
광주	O	O	O	1
부산	1	1	O	O

한편 도시 사이의 평균 이동 시간을 표시하는 방법도 있습니다. 그렇다면 지도에 나타난 이동 경로와 시간 관계를 표에 나타내려면 어떻게 하면 될까요?

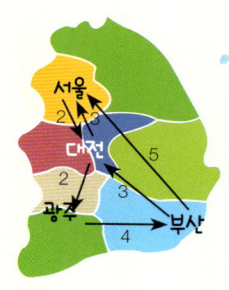

	도착지			
출발지	서울	대전	광주	부산
서울				
대전				
광주				
부산				

그래프는 도시 간의 관계, 통신망, 전기회로 등의 복잡한 구조의 정보를 표현하는 데 사용되는 대표적인 데이터 구조입니다. 그래프는 데이터 간의 관계를 점과 선으로 나타낸 구조로 점은 데이터를 나타내고, 선은 데이터 간의 관계를 나타냅니다.

'쾨니히스베르크(Koenigsberg)의 다리'라는 유명한 문제가 있는데, 어떤 곳에서 출발하든지 모든 다리를 한 번씩만 건너서 출발지로 돌아올 수 있는가에 관한 문제입니다.

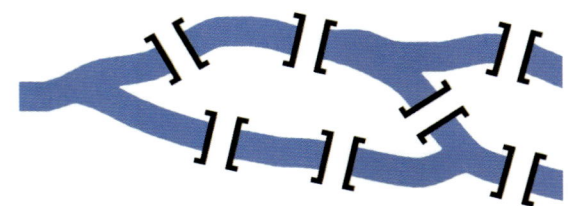

수학자 오일러(Euler)는 이 문제를 해결하기 위해서 '쾨니히스베르크의 다리'를 다음과 같이 표현하였는데 바로 이 그림이 그래프의 시초입니다. 오일러는 여기서는 출발지로 돌아올 수 없다는 결론을 내리고 다리가 홀수 개인 위치의 개수가 0일 때만 출발 위치로 돌아올 수 있음을 증명해보였습니다.

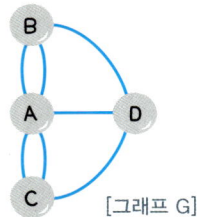

[그래프 G]

이 그래프에서 A, B, C, D를 '정점'이라 하고, 정점과 정점을 연결하는 선을 '간선'이라 하는데 정점 A와 B의 간선을 (A, B)로 표현합니다. 그리고 정점에 접한 간선의 수를 '차수'라 하는데 정점 A의 차수는 5가 됩니다.

[그래프 G]는 (정점의 집합, 간선의 집합)으로 표현할 수도 있습니다. 이를 좀 더 수학적으로 표현하면 다음과 같습니다. 여기서 V는 정점의 집합을, E는 간선의 집합을 나타냅니다.

$$G = (V, E)$$

잠깐만!

오일러

레온하르트 오일러는 1707년 스위스 바젤에서 태어난 수학자, 물리학자, 천문학자입니다. 함수 기호 f(x)를 처음 사용한 수학자이자 쾨니히스베르크의 다리를 '한 번씩 차례대로 건널 수 없다'는 것을 증명, 그래프로 그리며 위상기하학의 토대를 마련했습니다.

잠깐만!

정점

그래프에서 관계 유무를 나타내는 각 점

그래프는 '무방향 그래프'와 '방향 그래프'로 분류할 수 있는데, 무방향 그래프는 방향성이 없는 간선으로 이루어진 그래프입니다. 그러므로 무방향 그래프에서 간선 (v0, v1)과 (v1, v0)은 동일합니다. 그리고 (v0, v1)이 한 간선이라면 v0과 v1은 '인접'하다고 하는데, 예를 들어 다음 [그래프 G1]에서는 정점 B, C, D가 정점 A에 인접하고 있습니다.

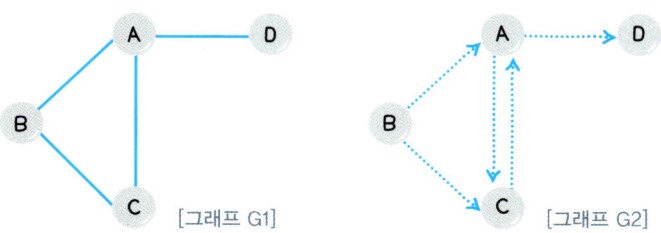

[그래프 G1]을 집합으로 표현하면 다음과 같습니다.

$$V(G1)=\{A, B, C, D\} \quad E(G1)=\{(A, B), (A, C), (A, D), (B, C)\}$$

반면, 방향 그래프는 방향성이 있는 간선으로 이루어진 그래프이므로 간선 (v0, v1)과 (v1, v0)은 서로 다릅니다. 위의 [그래프 G2]가 방향 그래프의 예로 (A, C)와 (C, A)는 서로 다른 간선입니다.

[그래프 G2]를 집합으로 표현하면 다음과 같습니다.

$$V(G2)=\{A, B, C, D\} \quad E(G2)=\{(A, C), (A, D), (B, A), (B, C), (C, A)\}$$

차수란 정점에 접한 간선의 수를 의미한다고 설명했는데, 방향 그래프에서는 진입 차수와 진출 차수라는 것이 있습니다. '진입 차수'는 정점으로 들어오는 간선의 수이고, '진출 차수'는 정점에서 나가는 간선의 수입니다. 그러므로 [그래프 G2]에서 정점 C의 진입 차수는 2가 되고, 진출 차수는 1이 됩니다. 물론 차수는 3이 됩니다.

특정 정점에서 다른 정점까지 갈 수 있는 간선들이 있을 때, 이들 간선을 연결하는 정점들을 나열한 것을 '경로'라 합니다. 다음 [그래프 G3]에서 〈A, B, C, E〉는 정점 A와 E의 경로 중 하나입니다. 그리고 '경로의 길이'는 경로에 있는 간선의 수이므로 경로 〈A, B, C, E〉의 길이는 3입니다.

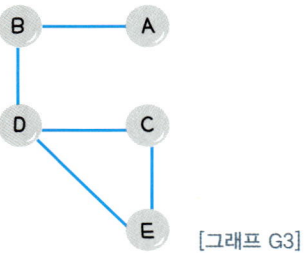

[그래프 G3]

그리고 처음과 마지막 정점이 같은 경로를 '사이클'이라 하는데, 경로 〈C, D, E, C〉가 사이클에 해당됩니다.

무방향 그래프에서 모든 정점 사이에 간선이 있는 그래프를 '완전 그래프'라 합니다. 즉, 최대수의 간선을 가지는 무방향 그래프를 완전 그래프라 하는데, 다음은 완전 그래프의 예입니다.

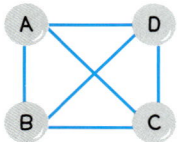

간선마다 가중치를 부여한 그래프를 '가중 그래프'라 하는데 다음은 가중 그래프의 예입니다.

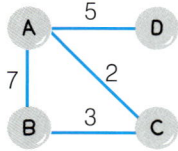

16.2

그래프의 탐색

학습목표 그래프의 모든 데이터들을 방문하는 방법에 대해 알아봅니다.

그래프에서 모든 정점을 방문하는 것을 그래프의 탐색이라 하는데, 깊이 우선 탐색(DFS, depth first search)과 너비 우선 탐색(BFS, breadth first search)이 있습니다. 이에 대해 살펴보겠습니다.

깊이 우선 탐색

깊이 우선 탐색의 탐색 순서는 시작 정점에서 시작하여 그 정점과 연결된 방문하지 않은 한 정점을 방문하고, 다음에는 방문한 정점에서 다시 연결된 방문하지 않은 한 정점 순으로 방문합니다. 진행하다가 더 이상 진행할 수 없으면 왔던 길을 되돌아가면서 아직 방문하지 않은 정점을 방문합니다.

이해를 돕고자 다음 그래프를 탐색해보겠습니다. 정점 A에서부터 시작한다고 가정하겠습니다.

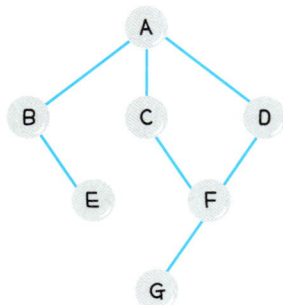

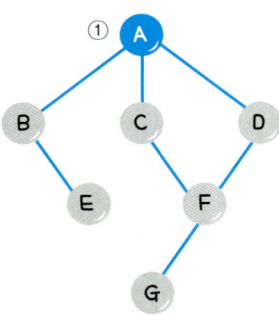

1 A 방문: 정점 A를 방문합니다. 그림에서 파랑색은 방문한 정점을 의미합니다.

A

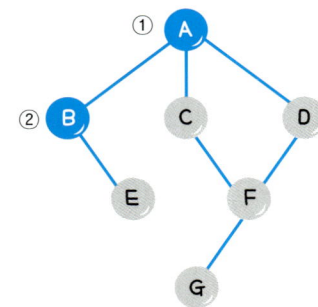

2 B 방문: 정점 A와 연결된 정점인 B, C, D 중 한 정점을 방문합니다.

A → B

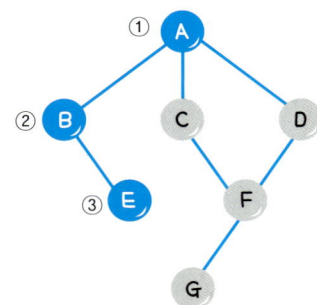

3 E 방문: 정점 B와 연결된 정점 중 방문하지 않은 정점인 E를 방문합니다.

A → B → E

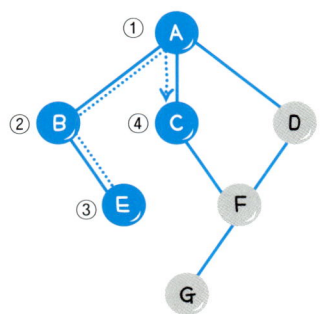

4 C 방문: 정점 E와 연결된 정점 중 방문하지 않은 정점은 없습니다. 이런 경우 왔던 길로 되돌아가는데 우선 정점 B에 도착합니다. B와 연결된 정점 중 방문하지 않은 정점은 없으므로 정점 A로 되돌아갑니다. A와 연결된 정점 중 방문하지 않은 정점이 있으므로 이 중 하나의 정점인 C를 방문합니다.

A → B → E $\xrightarrow{\ \to B \to A \to\ }$ C

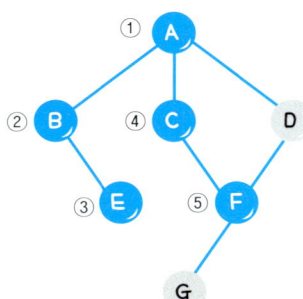

5 F 방문: 정점 C와 연결된 정점 중 방문하지 않은 정점인 F를 방문합니다.

A→B→E→C→F

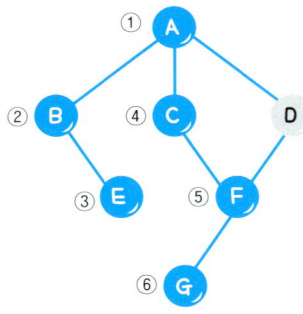

6 G 방문: 정점 F와 연결된 정점 중 방문하지 않은 정점인 D와 G 중 한 정점을 방문합니다.

A→B→E→C→F→G

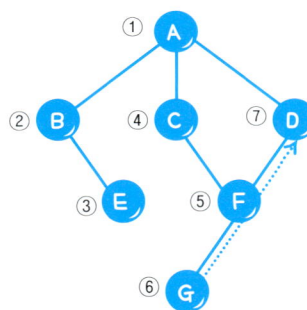

7 D 방문: 정점 G와 연결된 정점 중 방문하지 않은 정점은 없습니다. 그러므로 정점 F로 되돌아갑니다. F와 연결된 정점 중 방문하지 않은 정점인 D를 방문합니다. 모든 정점에 대한 방문이 완료됩니다.

A→B→E→C→F→G $\xrightarrow{\ \to F \to\ }$ D

너비 우선 탐색

너비 우선 탐색의 탐색 순서는 시작 정점을 먼저 방문하고, 시작 정점과 연결된 모든 정점을 방문합니다. 그런 다음 새롭게 방문한 정점들에 연결된 아직 방문하지 않은 정점들을 방문합니다. 이러한 동작을 반복합니다.

다음 그래프를 너비 우선 탐색으로 탐색해보겠습니다. 정점 A에서부터 시작한다고 가정합니다.

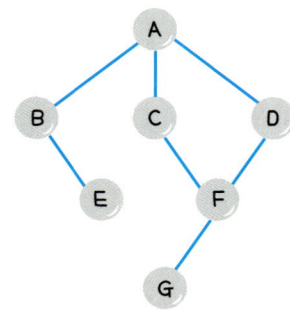

1 A 방문: 정점 A를 방문합니다.

그리고 정점 A와 연결된 정점 B, C, D를 큐에 삽입합니다. 너비 우선 탐색에서는 큐를 이용해서 동작합니다.

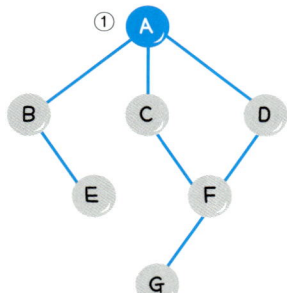

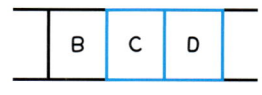

2 B 방문: 다음으로 방문하게 되는 정점은 큐에서 삭제되는 정점인데, 큐에서 삭제되는 정점은 B이므로 정점 B를 방문합니다.

그리고 방문한 정점 B와 연결된 정점 E를 큐에 삽입합니다. 정점 A도 정점 B와 연결되어 있으나 이미 방문했으므로 큐에 삽입하지 않습니다.

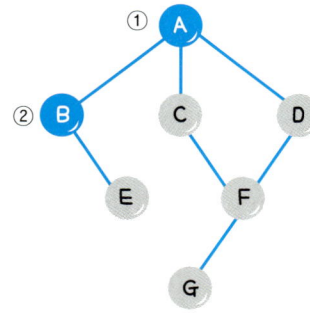

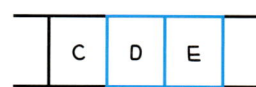

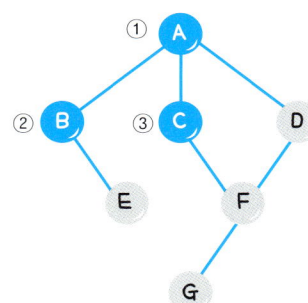

3 C 방문: 다음으로 큐에서 삭제되는 정점은 C이므로 정점 C를 방문합니다.

그리고 방문한 정점 C와 연결된 정점 F를 큐에 삽입합니다.

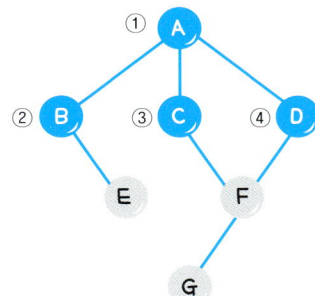

4 D 방문: 다음으로 큐에서 삭제되는 정점은 D이므로 정점 D를 방문합니다.

방문한 정점 D와 연결된 정점으로 A와 F가 있으나 A는 이미 방문했고 F는 이미 큐에 있으므로 큐에 삽입하지 않습니다.

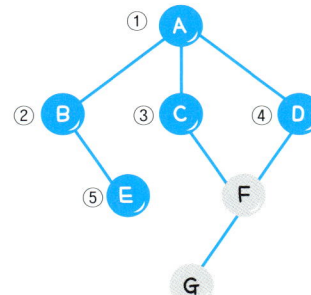

5 E 방문: 다음으로 큐에서 삭제되는 정점은 E이므로 정점 E를 방문합니다.

방문한 정점 E와 연결된 정점으로 B가 있으나 이미 방문했으므로 큐에 삽입하지 않습니다.

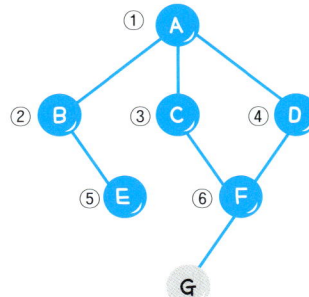

6 F 방문: 다음으로 큐에서 삭제되는 정점은 F이므로 정점 F를 방문합니다.

그리고 방문한 정점 F와 연결된 정점 G를 큐에 삽입합니다.

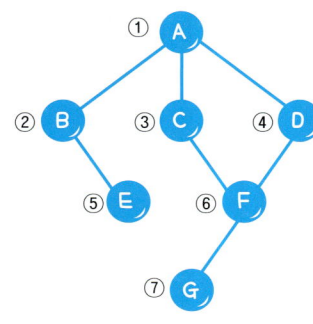

7 G 방문: 다음으로 큐에서 삭제되는 정점은 G이므로 정점 G를 방문합니다. 모든 정점에 대한 방문이 완료됩니다.

도·전·해·보·기

다음 그래프를 깊이 우선 탐색과 너비 우선 탐색했을 때의 탐색 순서를 나열하세요.

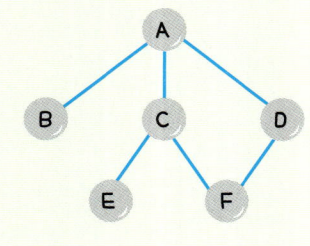

• 깊이 우선 탐색

• 너비 우선 탐색

17장

정렬

인터넷 서점에서 '스크래치'를 검색한 후 '판매량순' 버튼을 누르면 판매량 순서대로 도서 목록을 나열합니다. 이와 같이 일정 규칙에 따라 데이터를 배열하는 것을 '정렬'이라 하는데 인터넷 서점만이 아니라 한글, 엑셀 등 많은 소프트웨어에 정렬 기능이 있습니다.

이 장에서는 버블 정렬, 선택 정렬, 삽입 정렬, 퀵 정렬에 대해 살펴보겠습니다.

17.1

버블 정렬

학습목표 서로 이웃한 데이터를 비교하며 정렬하는 버블 정렬에 대해 알아봅니다.

실전 17-1

 생·각·해·보·기 무게 순으로 배열하기

무게가 서로 다른 5개의 공이 무게 순서와는 상관없이 상자에 들어 있습니다.

[조건]에 맞혀 무게가 가벼운 공부터 무거운 공 순서로 상자에 배열하는 방법을 생각해보세요.

[조건]

- 두 개의 공을 꺼내서 무게를 비교할 수 있다.
- 꺼낸 두 개의 공 위치를 바꿔 상자에 담을 수 있다.
- 상자에 넣은 공의 무게를 기억할 수 없다.

잠깐만!

버블 정렬

간단하며 데이터의 수가 적을 때 효율적입니다. 그러나 거의 정렬되지 않았을 때는 비효율적입니다.

버블 정렬은 서로 이웃한 데이터를 비교하여 큰 데이터를 뒤로 보내며 정렬하는 방법인데 예를 살펴보겠습니다.

다음과 같은 데이터 집합에 대해 버블 정렬을 이용해서 오름차순으로 정렬하는 과정을 단계별로 살펴보겠습니다.

1 위치 1의 데이터인 17이 위치 2의 데이터인 8보다 크므로 둘의 위치를 교환합니다.

2 위치 2의 데이터인 17이 위치 3의 데이터인 9보다 크므로 둘의 위치를 교환합니다.

3 위치 3의 데이터인 17이 위치 4의 데이터인 2보다 크므로 둘의 위치를 교환합니다. 결국 가장 큰 데이터인 17이 가장 뒤에 위치하게 됩니다.

4 처음부터 다시 시작합니다. 위치 1의 데이터인 8이 위치 2의 데이터인 9보다 크지 않으므로 그대로 둡니다.

5 위치 2의 데이터인 9가 위치 3의 데이터인 2보다 크므로 둘의 위치를 교환합니다. 두 번째로 큰 데이터인 9가 뒤에서 두 번째에 위치하게 됩니다.

6 처음으로 돌아가서 다시 시작합니다. 위치 1의 데이터인 8이 위치 2의 데이터인 2보다 크므로 둘의 위치를 교환합니다. 결국 모든 데이터들에 대한 정렬이 완료됩니다.

스크래치 알고리즘(한 빛미디어) 책의 10장. 정렬에서 버블 정렬을 보세요.

17.2

선택 정렬

 가장 작은 데이터를 찾아가며 정렬하는 선택 정렬에 대해 알아봅니다.

잠깐만!

선택 정렬
간단하며 데이터의 수가 적을 때 효율적입니다. 버블 정렬과 비교했을 때 데이터 이동 횟수가 평균적으로 적은 편입니다.

선택 정렬은 가장 작은 데이터를 찾아 첫 번째 데이터와 교환하고, 두 번째로 작은 데이터를 찾아 두 번째 데이터와 교환합니다. 이런 과정을 마지막 데이터까지 반복하면서 정렬하는 방법입니다.

다음과 같은 데이터 집합에 대해 선택 정렬을 이용해서 오름차순으로 정렬하는 과정을 단계별로 살펴보겠습니다.

데이터	9	8	17	2
위치	1	2	3	4

1 첫 번째 데이터부터 마지막 데이터 중 가장 작은 데이터의 위치를 찾습니다. 가장 작은 데이터인 위치 4의 2와 위치 1의 데이터인 9를 교환합니다. 가장 작은 데이터인 2가 가장 앞에 위치합니다.

2 위치 1의 데이터를 제외한 나머지 데이터 중에서 가장 작은 데이터의 위치를 찾습니다. 가장 작은 데이터인 위치 2의 8과 위치 2의 8을 교환합니다. 물론 같은 데이터므로 위치 변화는 없습니다. 두 번째로 작은 데이터인 8이 두 번째에 위치하게 됩니다.

3 위치 1과 위치 2의 데이터를 제외한 나머지 데이터 중에서 가장 작은 데이터인 위치 4의 9와 위치 3의 17을 교환합니다. 드디어 모든 데이터가 오름차순으로 정렬됩니다.

수·준·높·이·기

선택 정렬 알고리즘을 간단하게 살펴보겠습니다.

[알고리즘]

1 리스트 data에 임의의 데이터들을 저장한다.

2 변수 a에 1을 저장한다.

3 만약 a와 data 리스트의 크기가 같으면 1로 이동한다.

4 변수 min에 a 값을 저장한다.

5 변수 b에 a+1을 저장한다.

6 만약 b가 data 리스트의 크기보다 크면 9로 이동한다.

7 만약 data 리스트의 b번째 항목이 min번째 항목보다 작으면 min에 b 값을 저장한다.

8 b 값을 1 증가시키고 6으로 이동한다.

9 data 리스트의 a번째 항목과 min번째 항목을 교환한다.

10 a 값을 1 증가시키고 3으로 이동한다.

11 data를 출력하고 종료한다.

더 자세한 사항은 스크래치 알고리즘(한빛미디어) 책의 10장 정렬을 살펴보세요.

17.3

삽입 정렬

학습목표 가장 작은 데이터를 찾아가며 정렬하는 선택 정렬에 대해 알아봅니다.

삽입 정렬은 첫 번째 데이터를 정렬되었다고 간주하고 정렬을 시작합니다. 정렬되지 않은 첫 번째 데이터부터 정렬된 부분 집합의 적절한 위치를 찾아 끼워 넣으며 정렬합니다. 다음과 같은 데이터 집합에 대해 선택 정렬을 이용해서 오름차순으로 정렬하는 과정을 단계별로 살펴보겠습니다.

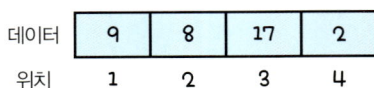

1️⃣ 위치 2 데이터인 8의 적절한 위치를 왼쪽 영역에서 찾는데 위치 1의 9보다 작으므로 8이 위치 1에 저장되고 위치 1의 9는 오른쪽으로 한 칸 이동합니다.

2️⃣ 위치 3 데이터인 17의 적절한 위치를 왼쪽 영역에서 찾는데 위치 1의 8과 위치 1의 9보다 크므로 그대로 둡니다.

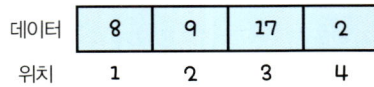

3️⃣ 위치 4 데이터인 2를 왼쪽 영역의 적절한 위치인 위치 1로 삽입하고, 위치1부터 위치 3 데이터들을 오른쪽으로 한 칸씩 이동합니다. 결국 모든 데이터들에 대한 정렬이 완료됩니다.

17.4

퀵 정렬

기준 데이터보다 큰 데이터와 작은 데이터를 분리하며 정렬하는 퀵 정렬에 대해 알아봅니다.

퀵 정렬은 기준키를 기준으로 작거나 같은 값의 데이터는 앞으로, 큰 값의 데이터는 뒤로 이동시키며 작은 값의 데이터와 큰 값의 데이터를 분리해가며 정렬하는 방법입니다.

다음과 같은 데이터 집합에 대해 퀵 정렬을 이용해서 오름차순으로 정렬하는 과정을 단계별로 살펴보겠습니다.

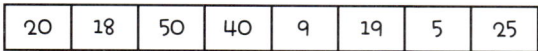

1 맨 앞의 20을 기준키로 하고 기준키 다음부터 기준키보다 큰 데이터를 찾아 50을 선택하고, 마지막 데이터부터 기준키보다 작은 데이터를 찾아 5를 선택합니다. 그리고 선택된 50과 5를 교환합니다.

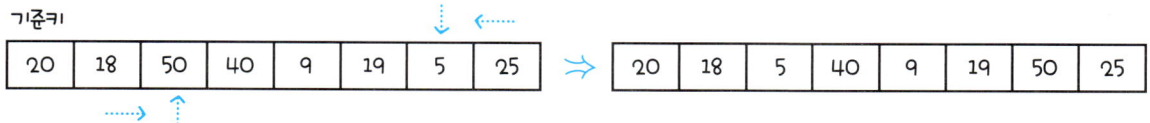

2 계속해서 진행하여 기준키보다 큰 데이터인 40을 선택하고, 기준키보다 작은 데이터인 19를 선택합니다. 그리고 두 수를 교환합니다.

호어

찰스 앤터니 리처드 호어는 퀵 정렬 알고리즘을 고안한 영국의 컴퓨터 과학자입니다. 본래 고전 문학을 전공한 호어는 통계학을 배워 기계번역 연구를 시작하며 컴퓨터와 인연을 맺었습니다. 이후 알골60을 개발했으며 1980년 튜링 상을 수상했습니다.

3 마찬가지로 진행하여 기준키보다 큰 데이터인 40과 기준키보다 작은 데이터인 9를 선택합니다. 그런데 발견된 위치가 서로 교차하는데, 이런 경우에는 두 값을 교환하지 않고 기준키 20과 작은 데이터인 9를 교환합니다. 또한 기준키보다 큰 데이터를 발견하지 못하는 경우에도 기준키와 작은 데이터를 교환합니다.

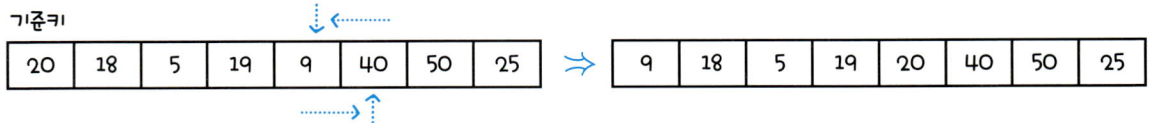

4 데이터들을 보면 기준키 20을 기준으로 왼쪽에는 기준키보다 작은 데이터들이, 오른쪽에는 큰 데이터들이 있음을 알 수 있습니다. 이때 기준키를 중심으로 양분합니다.

5 이제부터는 기준키를 중심으로 왼쪽 데이터들에 대해, 그리고 오른쪽 데이터들에 대해 같은 방법으로 동작합니다. 먼저 왼쪽 데이터들에 대해 동작하는 과정을 살펴보겠습니다. 기준키 9 보다 큰 데이터 18과 작은 데이터 5를 선택하고 교환합니다.

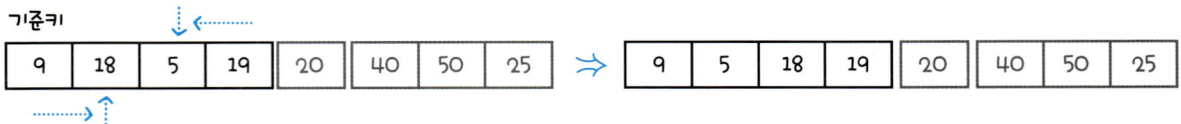

6 마찬가지로 진행하여 큰 데이터인 18과 작은 데이터인 5를 선택하는데 발견된 위치가 교차되므로 기준키 9와 작은 데이터인 5를 교환합니다.

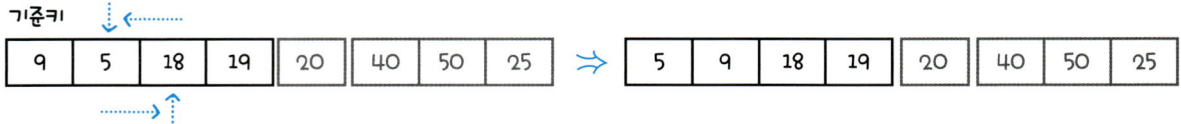

7 기준키 9를 중심으로 양분합니다.

8 {18, 19}에 대해 기준키 18 보다 큰 데이터 19를 선택하고, 기준키와 작거나 같은(같은 것도 포함됨) 데이터 18을 선택하는데, 발견된 위치가 교차되므로 기준키 18과 기준키보다 작거나 같은 18을 교환합니다.

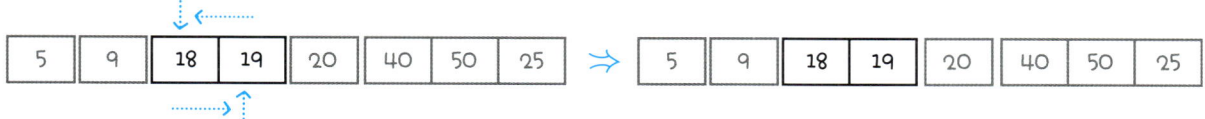

9 양분합니다.

10 이제 {40, 50, 25}에 대해 동작하게 되어 기준키 40보다 큰 50과 작은 25를 선택합니다. 그리고 이 두 수를 교환합니다.

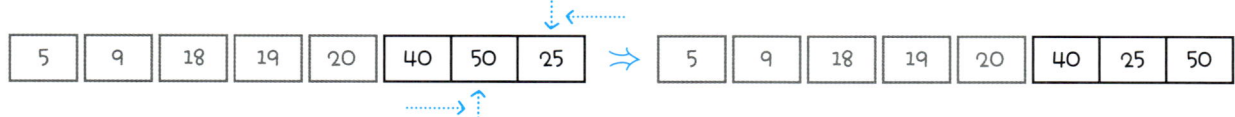

11 다음으로 큰 데이터 50과 작은 데이터 25를 선택하는데 교차하므로 기준키 40과 작은 데이터 25를 교환합니다.

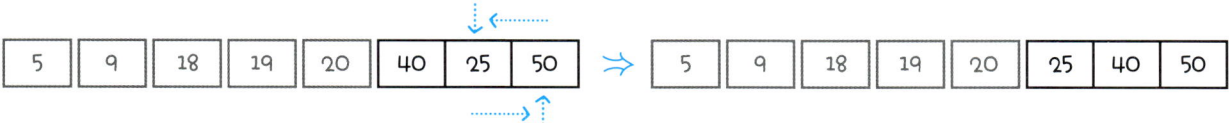

12 기준키 40을 기준으로 양분하면 모든 데이터들에 대한 정렬이 완료됩니다.

동영상 확인해보기

다음 정렬과 관련된 언플러그드 활동 동영상을 확인하기 바랍니다.

https://youtu.be/cVMKXKoGu_Y

알고리즘의 특징

방법	특징
버블 정렬	간단하며 데이터의 수가 적은 경우에 효율적입니다. 그러나 거의 정렬이 되어 있지 않은 경우에는 비효율적입니다.
선택 정렬	간단하며 데이터의 수가 적은 경우에 효율적입니다. 버블 정렬에 비해 데이터 이동 횟수가 평균적으로 적은 장점이 있습니다.
삽입 정렬	데이터의 수가 적은 경우와 어느 정도 정렬된 데이터 집합에 효율적인 방법입니다. 그러나 데이터의 수가 많은 경우에는 비효율적입니다.
퀵 정렬	평균적으로 가장 좋은 성능을 나타내는 방법으로 재귀를 사용하여 구현됩니다.

실전 17-2

도·전·해·보·기

다음 데이터들에 대해 물음에 답하세요.

95	75	90	100	50	85	65

1 버블 정렬을 이용해서 오름차순으로 정렬하는 과정을 나타내세요.

2 선택 정렬을 이용해서 오름차순으로 정렬하는 과정을 나타내세요.

3 삽입 정렬을 이용해서 오름차순으로 정렬하는 과정을 나타내세요.

4 퀵 정렬을 이용해서 오름차순으로 정렬하는 과정을 나타내세요.

18장

탐색

컴퓨터에 저장된 데이터 집합에서 어떤 조건이나 성질을 만족하는 데이터를 찾는 것을 '탐색'이라 합니다. 데이터 집합은 무작위로 섞여 있는지 아니면 특정한 규칙에 따라 정렬되었는지로 구분할 수 있는데, 데이터 유형에 따라 적합한 탐색 방법이 있습니다. 이 장에서는 각 데이터 유형에 적합한 탐색 방법인 선형 탐색과 이진 탐색에 대해 살펴보고, 각 탐색 방법으로 동작하는 스크래치 프로젝트를 만들어보겠습니다.

선형 탐색

학습목표 처음부터 순차적으로 비교하며 원하는 데이터를 찾는 선형 탐색에 대해 알아봅니다.

실전 18-1

 생·각·해·보·기 무작위로 섞인 곳에서 카드 찾기

1부터 100까지의 수가 적혀 있는 카드가 순서와 상관없이 뒤집혀 있습니다. 한 번에 하나의 카드만 뒤집어서 찾고자 하는 카드와 비교할 수 있을 경우에 최대 몇 번을 비교해야 원하는 카드를 찾을 수 있을지 생각해보세요.

선형 탐색은 주어진 데이터 집합에서 처음부터 순차적으로 비교해가면서 원하는 데이터를 찾는 방법인데 예를 살펴보겠습니다.

다음과 같은 데이터 집합에서 선형 탐색으로 15를 찾는 과정을 살펴보겠습니다.

데이터	17	8	20	15	3	1	11
위치	1	2	3	4	5	6	7

1 데이터 집합에는 7개의 데이터가 있는데 이 중 첫 번째, 즉 위치 1의 데이터인 17과 비교합니다. 찾고자 하는 데이터인 15와 다르므로 다음으로 이동합니다.

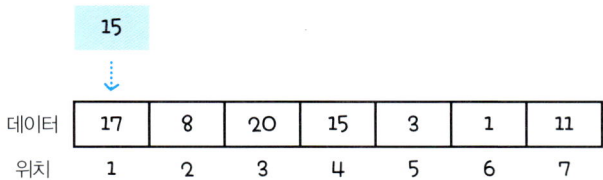

2 위치 2의 데이터인 8과 17을 비교하는데 다르므로 다음으로 이동합니다.

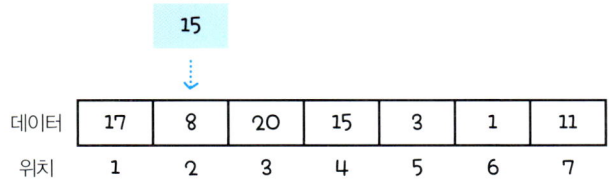

3 위치 3의 데이터인 20과 17을 비교하는데 다르므로 다음으로 이동합니다.

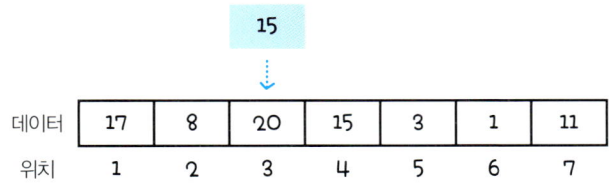

4 위치 4의 데이터인 15와 찾고자 하는 데이터인 15와 같으므로 탐색에 성공하여 종료합니다.

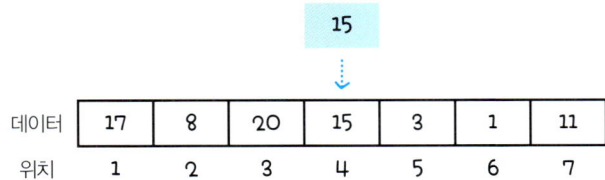

만약 마지막까지 원하는 데이터를 찾지 못하면 실패로 종료합니다.

18.2

프로젝트 선형 탐색

학습목표 선형 탐색을 이용해서 원하는 데이터를 찾는 프로젝트를 만들어봅니다.

정수 10개를 가진 리스트를 생성한 후 선형 탐색으로 원하는 숫자를 찾는 프로젝트를 만들어보겠습니다. 찾는 데이터가 리스트에 있으면 몇 번째 항목인지 알려주고 없으면 '없음'을 출력합니다.

1 '데이터집합' 리스트를 생성하고 모든 항목을 삭제합니다. 그리고 10개의 데이터를 '데이터집합' 리스트에 저장합니다.

2 변수 'key'를 생성한 후 찾을 데이터를 입력받아 'key'에 저장합니다.

3 변수 'a'를 생성한 후 'a'에 1을 저장하고 'a'가 '데이터집합' 리스트의 항목 수보다 커질 때까지 반복하는 구조를 만듭니다.

4 'key'와 '데이터집합'의 'a'번째 항목이 같으면 찾은 위치를 말하고 종료합니다.

```
a ▼ 을(를) 1 로 정하기
a > 데이터집합 ▼ 리스트의 항목 수  까지 반복하기
  만약  key = a 번째 데이터집합 ▼ 항목  라면
     a 와 : 결합하기  와  a 번째 데이터집합 ▼ 항목  결합하기  을(를) 3 초동안 말하기
  모두 ▼ 멈추기
```

5 만약 'key'와 '데이터집합'의 'a'번째 항목이 같지 않으면 종료하지 않고 다음 반복을 수행해야 합니다. (1)에 어떤 내용이 들어가야 다음 반복에서 '데이터집합'의 다음 데이터와 비교하게 될지 생각해보고 채우기 바랍니다.

```
a ▼ 을(를) 1 로 정하기
a > 데이터집합 ▼ 리스트의 항목 수  까지 반복하기
  만약  key = a 번째 데이터집합 ▼ 항목  라면
     a 와 : 결합하기  와  a 번째 데이터집합 ▼ 항목  결합하기  을(를) 3 초동안 말하기
  모두 ▼ 멈추기

  1
```

6 '데이터집합'의 마지막까지 원하는 데이터를 찾지 못하면 없다는 말을 합니다. 드디어 프로젝트가 완성됩니다.

```
a ▼ 을(를) 1 로 정하기
a > 데이터집합 ▼ 리스트의 항목 수  까지 반복하기
  만약  key = a 번째 데이터집합 ▼ 항목  라면
     a 와 : 결합하기  와  a 번째 데이터집합 ▼ 항목  결합하기  을(를) 3 초동안 말하기
  모두 ▼ 멈추기

key 와 : 없음 결합하기  을(를) 3 초동안 말하기
```

18.3

이진 탐색

학습목표 정렬된 데이터 집합에서 탐색 영역을 반으로 줄여가면서 원하는 데이터를 찾는 이진 탐색에 대해 알아봅니다.

실전 18-3

생·각·해·보·기 정렬된 곳에서 카드 찾기

100장의 카드가 번호 순으로 뒤집혀 있습니다. 한 번에 하나의 카드만 뒤집어서 찾고자 하는 카드와 비교할 수 있을 경우에, 최소 비교 횟수로 원하는 카드를 찾기 위해서 어디에 위치한 카드를 가장 먼저 뒤집어서 비교해야 할지 생각해보세요.

이진 탐색은 정렬된 데이터 집합을 대상으로 탐색 영역을 반으로 줄여가면서 탐색하는 방법인데 예를 살펴보겠습니다.

다음과 같이 오름차순으로 정렬된 데이터 집합에서 이진 탐색을 이용해서 15를 찾는 과정을 살펴보겠습니다.

데이터	1	3	8	11	15	17	20
위치	1	2	3	4	5	6	7

1 데이터 집합에는 7개의 데이터가 있는데 이 중 첫 번째 데이터의 위치인 1을 low로 하고 마지막 데이터의 위치인 7을 high로 합니다.

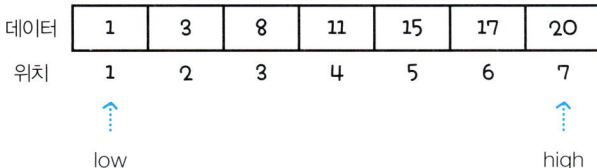

2 탐색 영역에서 중간에 있는 데이터의 위치를 구해야 합니다. 중간 위치인 mid를 구하는 식은 다음과 같으므로 mid는 4가 됩니다.

$$mid = \frac{low + high}{2}$$

mid, 즉 위치 4에 저장된 데이터인 11과 찾고자 하는 15가 같은지 비교합니다.

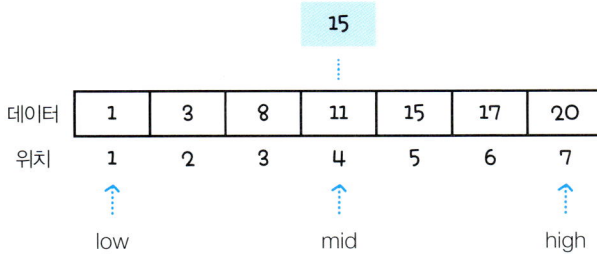

3 mid 위치에 저장된 데이터인 11보다 찾고자 하는 데이터인 15가 크므로 mid 위치보다 오른쪽에 위치한 데이터들이 새로운 탐색 영역이 됩니다. 새로운 탐색 영역의 low를 새롭게 계산해야 하는데 mid+1에 의해 low는 5가 됩니다.

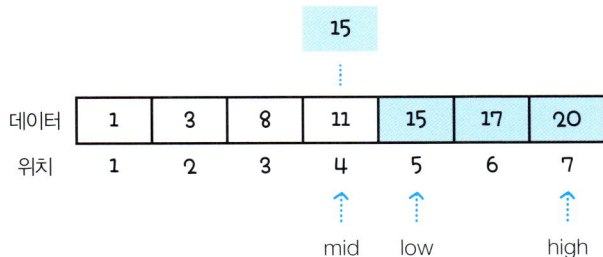

4 중간 위치인 mid를 새롭게 계산하면 6((low + high)/2 = (5+7)/2)이 됩니다. mid, 즉 6에 위치한 데이터인 17이 15와 같은지 비교합니다.

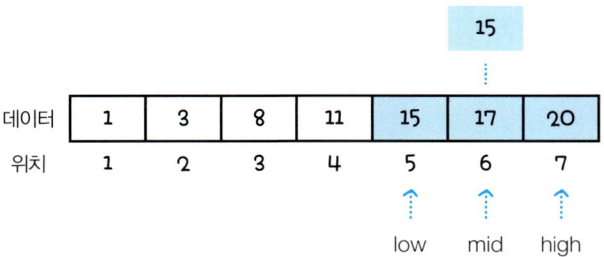

5 mid 위치에 저장된 데이터인 17보다 찾고자 하는 데이터인 15가 작으므로 현재 탐색 영역에서 mid 위치보다 왼쪽에 위치한 데이터들이 새로운 탐색 영역이 되어야 합니다. 그러므로 탐색 영역의 마지막 데이터의 위치인 high를 새롭게 구해야 하는데 mid−1에 의해 5가 됩니다.

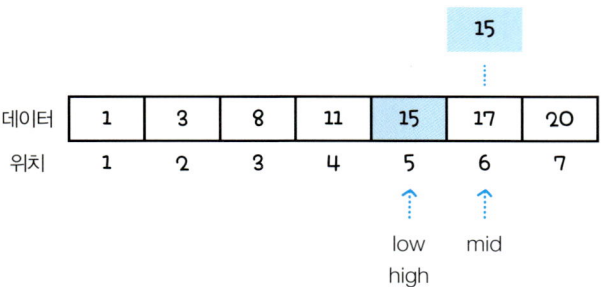

6 중간 위치인 mid를 새롭게 계산하면 5가 됩니다. mid, 즉 5에 위치한 데이터인 15와 찾고자 하는 데이터인 15와 같으므로 탐색을 종료합니다.

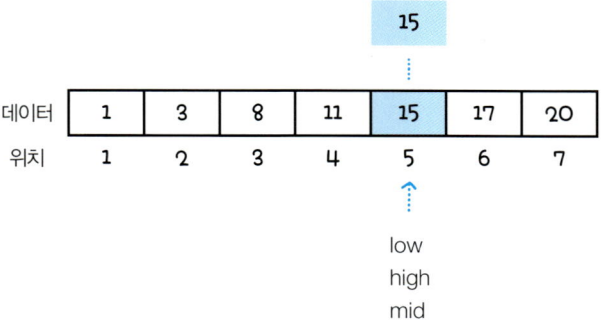

만약 low가 high보다 커졌는데도 원하는 데이터를 찾지 못하면 실패로 종료합니다.

18.4

프로젝트 이진 탐색

학습목표 이진 탐색을 이용해서 원하는 데이터를 찾는 프로젝트를 만들어봅니다.

정렬된 정수 10개를 가진 리스트를 생성한 후 이진 탐색으로 원하는 숫자를 찾는 프로젝트를 만들어보겠습니다. 찾는 데이터가 리스트에 있으면 몇 번째 항목인지 알려주고 없으면 '없음'을 출력합니다.

1 '데이터집합' 리스트를 생성하고 모든 항목을 삭제합니다. 그리고 오름차순으로 정렬된 10개의 데이터를 '데이터집합' 리스트에 저장합니다.

2 변수 'key', 'low', 'high'를 생성합니다. 찾을 데이터를 입력받아 'key'에 저장하고, 'low'에 1을, 'high'에 '데이터집합' 리스트의 항목 수를 저장합니다.

3 'low'가 'high'보다 커질 때까지 반복하는 구조를 만듭니다.

4 변수 'mid'를 생성하고 'low'와 'high'를 이용해서 'mid' 값을 계산합니다. 그리고 'key'와 '데이터집합' 리스트의 'mid'번째 항목이 같으면 찾은 위치를 말하고 종료합니다.

5 'key'가 '데이터집합' 리스트의 'mid'번째 항목보다 작거나 크면 'low' 값이나 'high' 값을 변경하고 다음 반복이
진행되도록 하려고 합니다. 그렇다면 ② , ③ 에 어떤 블록이 들어가야 할지 [보기]에서 선택하세요.

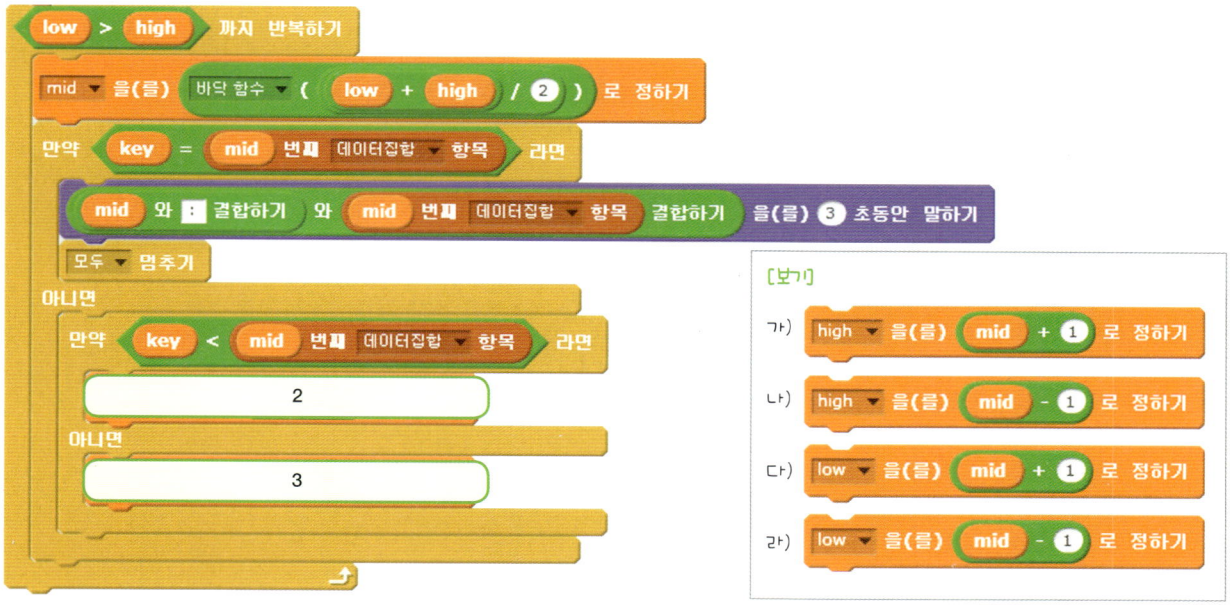

6 '데이터집합'의 마지막까지 원하는 데이터를 찾지 못
하면 없다는 말을 합니다.

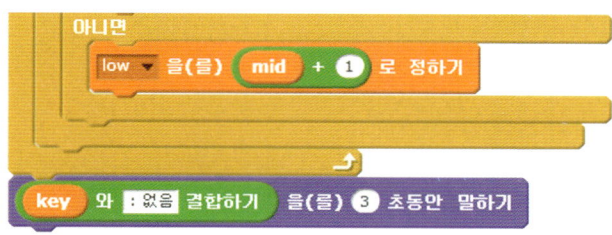

드디어 프로젝트가 완성되었습니다.

19장

이진
탐색 트리

이진 탐색 트리는 효율적인 탐색을 위해 고안된 이진
트리로, 일반적인 이진 트리에 몇 가지 조건이 추가된
데이터 구조입니다.
이진 탐색 트리의 개요와 이진 탐색 트리의 탐색, 삽
입, 삭제 동작에 대해 살펴보겠습니다.

19.1
이진 탐색 트리란

실전 19-1

생·각·해·보·기 7과 16의 위치를 찾아라

다음 트리에서 레벨 1에서 레벨 3까지의 특징을 파악하고, 이 특징을 적용하여 7과 16이 레벨 4의 어디에 위치할지를 나타내세요.

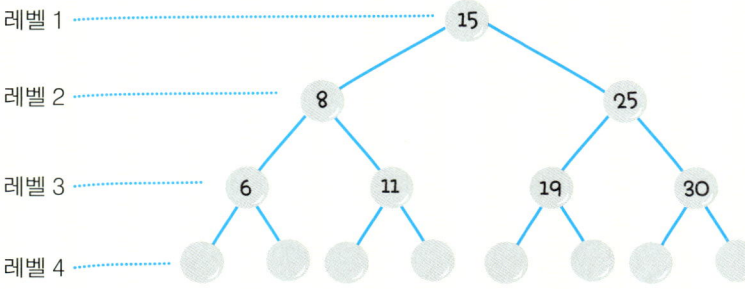

이진 탐색 트리는 이진 트리면서 같은 데이터를 갖는 노드는 없어야 하며, 왼쪽 서브 트리에 있는 모든 데이터는 현재 노드의 데이터보다 작고, 오른쪽 서브 트리에 있는 모든 노드의 데이터는 현재 노드의 데이터보다 큽니다.

다음은 이진 탐색 트리의 예입니다. 그러면 이진 탐색 트리에서의 탐색, 삽입, 삭제 동작에 대해 살펴보겠습니다.

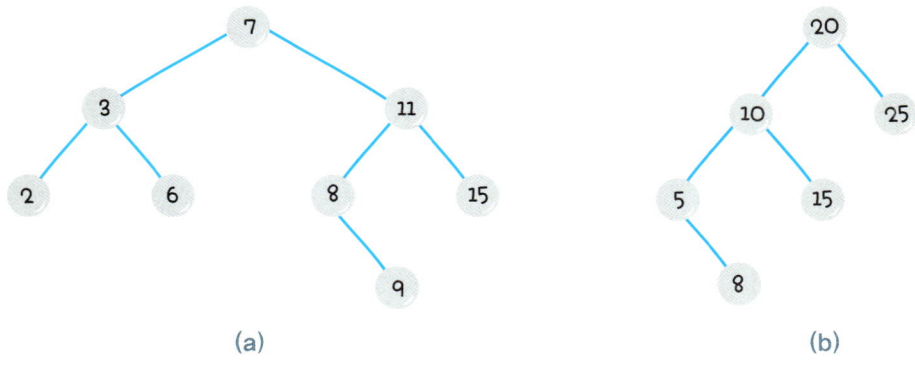

이진 탐색 트리에서의 탐색

학습목표 이진 탐색 트리에서 원하는 데이터를 탐색하는 방법에 대해 알아봅니다.

이진 탐색 트리에서의 탐색은 루트에서부터 시작되는데, 찾고자 하는 데이터와 루트 노드의 데이터를 비교하는데 만일 찾는 데이터와 루트 노드의 데이터가 같으면 탐색은 성공적으로 종료합니다. 그렇지 않고 찾는 데이터가 루트 노드의 데이터보다 작으면 루트 노드의 왼쪽 서브 트리를 탐색해가고, 루트 노드의 데이터보다 크면 오른쪽 서브 트리를 탐색해갑니다.

예를 들어 다음 트리에서 데이터가 8인 노드를 탐색하는 과정을 살펴보면 다음과 같습니다.

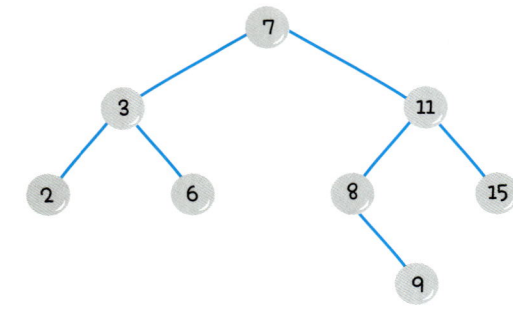

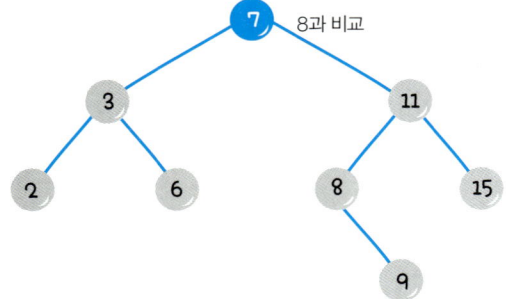

1 루트 노드와 찾는 데이터 비교하는데 루트 노드의 데이터인 7이 찾는 데이터인 8보다 작으므로 오른쪽 서브 트리를 탐색합니다.

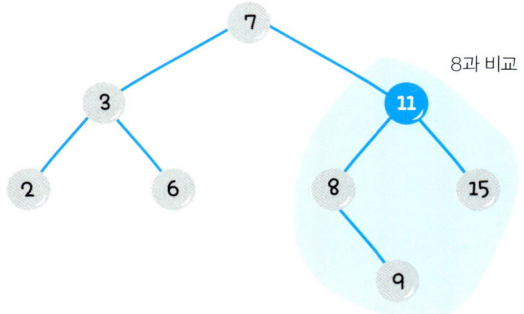

8과 비교

2 오른쪽 서브 트리의 루트 노드인 11과 찾는 데이터인 8과 비교하는데 오른쪽 서브 트리의 루트 노드 데이터가 찾는 데이터보다 크므로 왼쪽 서브 트리를 탐색합니다.

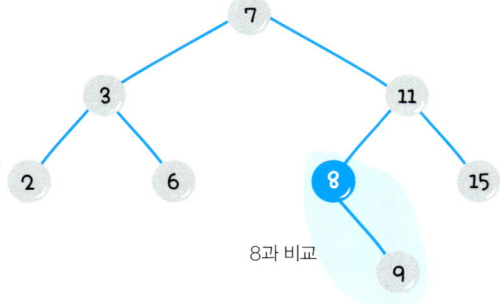

8과 비교

3 왼쪽 서브 트리의 루트 노드인 8과 찾는 데이터인 8을 비교하는데 같으므로 원하는 노드의 탐색이 이루어집니다.

그러나 단말 노드에 이를 때까지 같은 데이터를 찾지 못하면 탐색 실패로 종료합니다.

19.3 이진 탐색 트리에서의 삽입

학습목표 이진 탐색 트리에 데이터를 삽입하는 방법에 대해 알아봅니다.

이진 탐색 트리에서의 삽입은 탐색 동작을 통해 이루어집니다. 탐색을 하여 탐색에 성공하면 삽입은 실패하게 되는데 이는 이진 탐색 트리는 같은 데이터를 갖는 노드가 없어야 하기 때문입니다. 반면 탐색에 실패하면 삽입을 할 수 있게 되는데 탐색이 종료된 지점에 삽입할 데이터를 값으로 하는 노드를 삽입합니다.

그러면 다음 트리에 데이터가 5인 노드를 삽입하는 과정을 살펴보겠습니다.

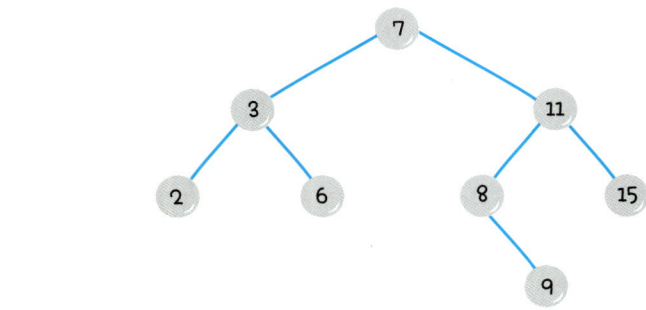

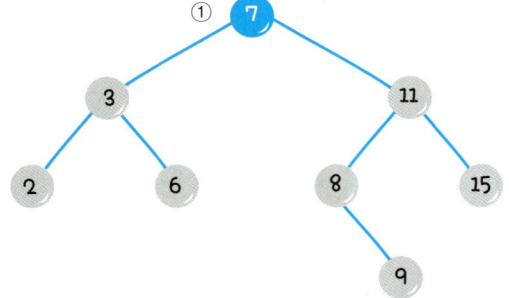

1 삽입하려는 데이터 5가 루트 노드의 데이터 7보다 작으므로 왼쪽 서브 트리로 진행합니다.

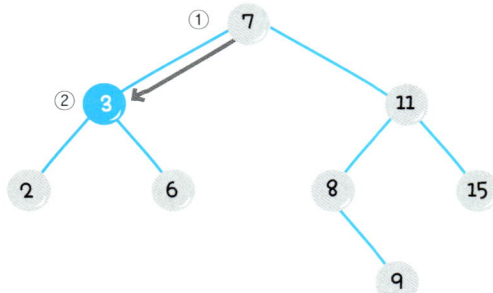

2 왼쪽 서브 트리의 루트 노드의 데이터 3보다 삽입할 데이터 5 보다 크므로 오른쪽 서브 트리로 진행합니다.

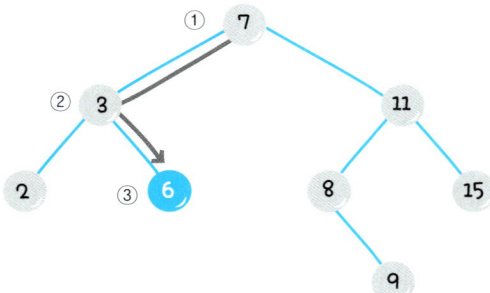

3 오른쪽 서브 트리의 루트 노드는 6이지만 단말 노드이므로 삽 입할 위치를 찾는 동작은 더 이상 진행하지 않습니다. 만약 같은 데이터를 가진 노드를 발견하면 삽입 실패로 종료합니다.

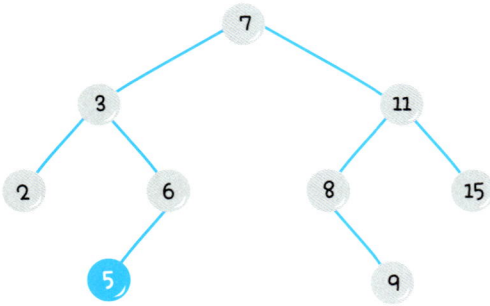

4 단말 노드의 데이터 6보다 삽입할 노드의 데이터 5가 작으므 로 단말 노드의 왼쪽 자식 노드로 삽입합니다. 만약 삽입할 노드의 데이터가 크면 오른쪽 자식 노드로 삽입합니다.

19.4

이진 탐색 트리에서의 삭제

학습목표 이진 탐색 트리에서 원하는 데이터를 삭제하는 방법에 대해 알아봅니다.

이진 탐색 트리에서 노드를 삭제하는 동작은 삭제할 노드의 위치에 따라 다음과 같이 세 가지로 구분되는데 이들에 대해 살펴보겠습니다.

- 삭제할 노드가 단말 노드인 경우
- 삭제할 노드의 자식 노드가 하나인 경우
- 삭제할 노드의 자식 노드가 두 개인 경우

삭제할 노드가 단말 노드인 경우

삭제할 노드가 단말 노드인 경우에는 부모 노드에서 삭제할 노드를 가리키는 링크를 제거하면 됩니다. 예를 들어 다음 이진 탐색 트리에서 데이터가 6인 노드를 삭제하려면 데이터가 7인 노드(부모 노드)에서 데이터가 6인 노드(삭제할 노드)를 가리키는 링크를 제거하면 됩니다.

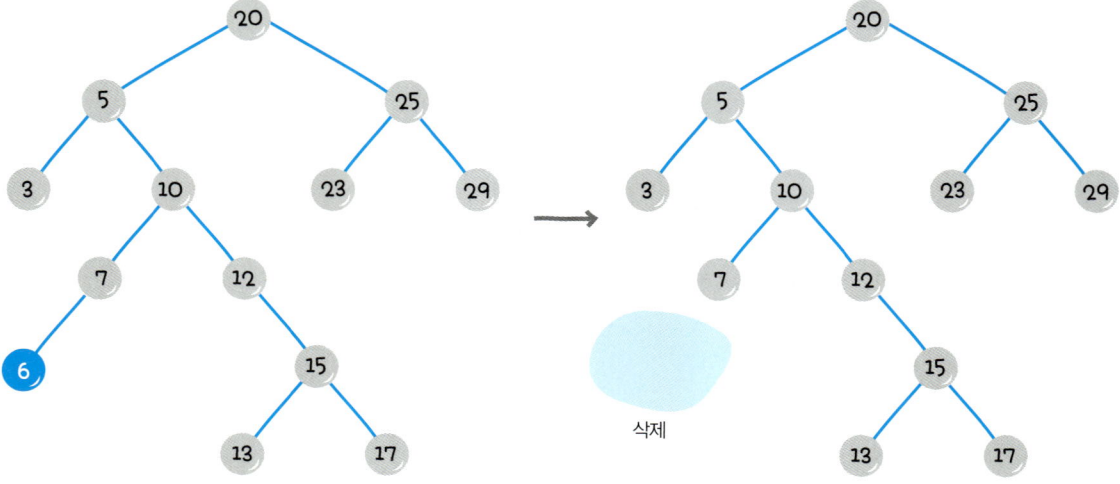

삭제

삭제할 노드의 자식 노드가 하나인 경우

삭제할 노드의 자식 노드가 하나인 경우에는 부모 노드에서 삭제할 노드를 가리키는 링크를 삭제할 노드의 자식 노드를 가리키게 하면 됩니다.

예를 들어 다음의 왼쪽 트리에서 데이터가 12인 노드를 삭제하려면 데이터가 12인 노드를 삭제하고, 오른쪽 트리와 같이 데이터가 12인 노드의 부모 노드, 즉 데이터가 10인 노드가 삭제된 노드의 자식 노드인 데이터 15인 노드를 가리키게 합니다.

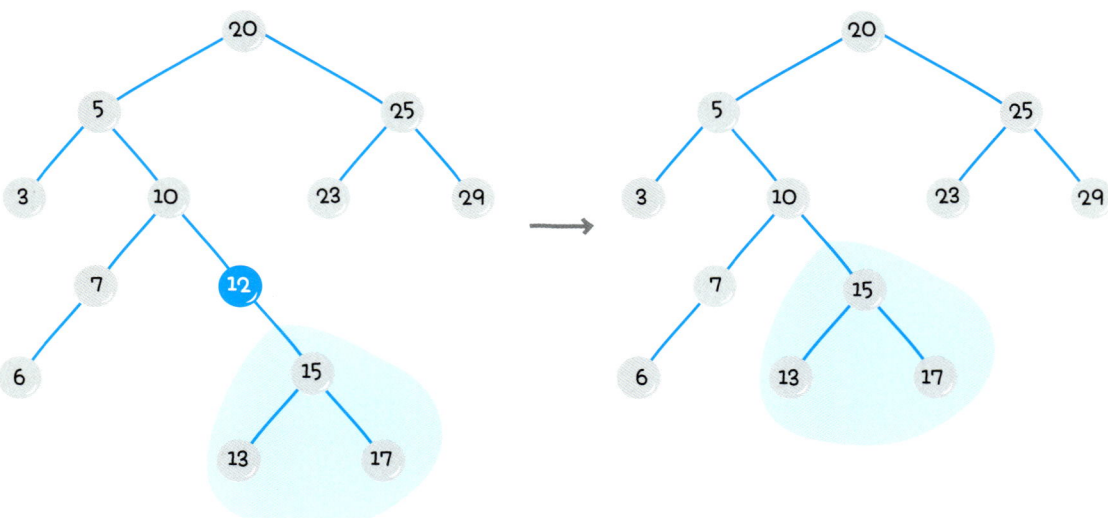

삭제할 노드의 자식 노드가 두 개인 경우

삭제할 노드의 자식 노드가 두 개인 경우에는 조금 복잡합니다. 우선 삭제할 노드를 오른쪽 서브 트리에서 가장 작은 노드(또는 왼쪽 서브 트리에서 가장 큰 노드)로 대체하고 대체된 원래 노드를 삭제합니다.

예를 들어 살펴보겠습니다. (a)에서 자식 노드가 두 개인 데이터 10 노드를 삭제하려면 우선 데이터 10 노드를 오른쪽 서브 트리에서 가장 작은 노드인 데이터 12 노드 또는 왼쪽 서브 트리에서 가장 큰 노드인 데이터 7 노드로 대체합니다. 오른쪽 서브 트리에서 가장 작은 노드인 데이터 12 노드로 대체한다고 가정하면 (b)와 같이 됩니다. 그리고 대체된 원래의 데이터 12 노드를 삭제하면 (c)와 같은 결과를 얻게 됩니다.

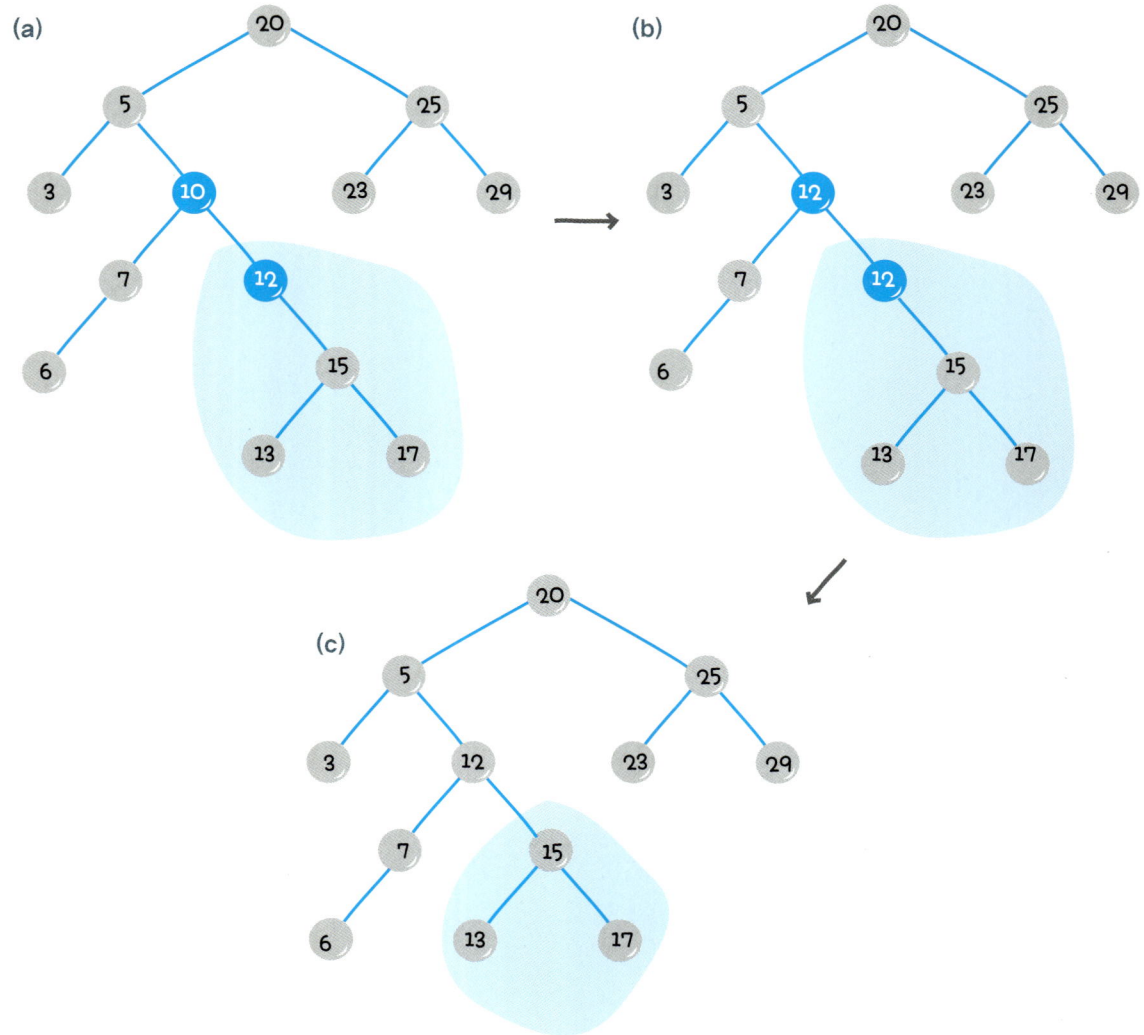

도·전·해·보·기

다음 이진 탐색 트리에 대해 물음에 답하세요.

1 데이터 8을 탐색하는 과정을 나타내세요.
2 데이터 9를 삽입하는 과정을 나타내세요.
3 데이터 11인 노드를 삭제하는 과정을 나타내세요.

20장

다익스트라
알고리즘

다익스트라 알고리즘은 출발점에서 목표점까지의 최단 경로를 구하는 알고리즘입니다. 실생활에서 부산을 출발하여 서울까지 가는 가장 짧은 경로를 구하는 것을 예로 들 수 있습니다.
이 장에서는 먼저 최단 경로에 대한 개념을 살펴보고, 다익스트라 알고리즘의 동작 과정을 예를 통해 살펴보겠습니다.

20.1

최단 경로

학습목표 그래프에서 정점과 정점 간의 경로 중 비용이 가장 적게 드는 최단 경로에 대해 알아봅니다.

실전 20-1

 생·각·해·보·기 어디로 가야 빨리 갈까?

출발지에서 목적지까지 가장 빨리 가는 경로를 구하세요.

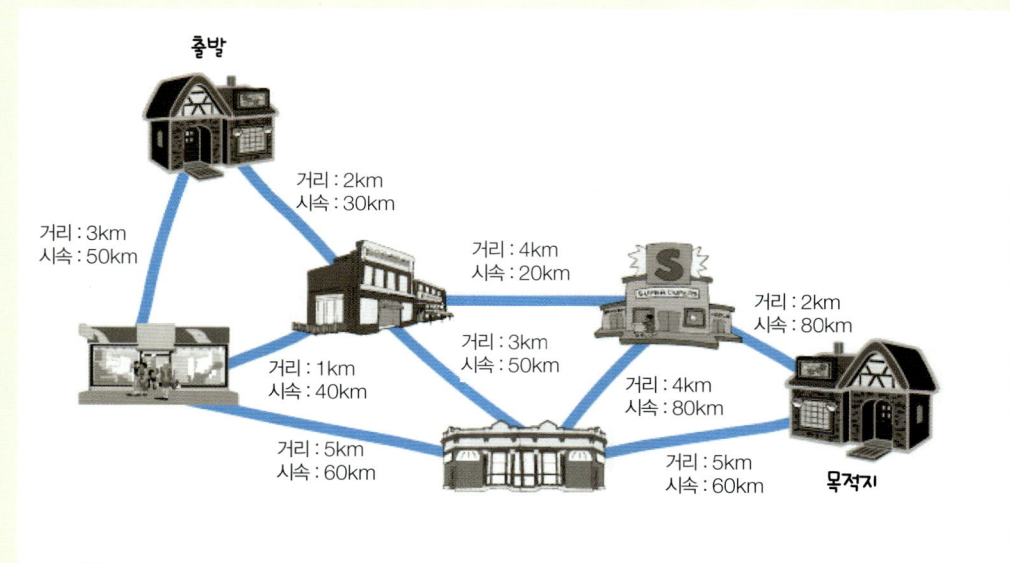

16장에서 배웠던 내용을 다시 생각해봅시다.

다음 그래프에서 서울, 인천, 대전은 '정점'이 되고, 이들 도시를 연결하는 선을 '간선'이라 합니다. 그리고 도시와 도시 사이의 거리 즉, 간선에 값을 부여한 것을 '가중치'라 합니다. 서울에서 인천으로의 가중치는 3이 됩니다.

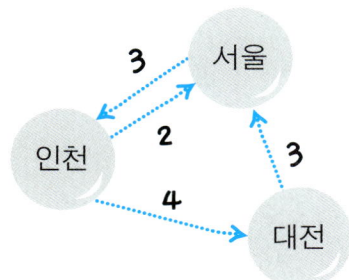

그리고 임의의 정점에서 다른 정점까지 갈 수 있는 간선이 있을 때, 이들 간선을 연결하는 정점들을 순서대로 나열한 것이 '경로'입니다. 특히 경로 중 간선의 가중치 합이 가장 적은 경로를 '최단 경로'라 합니다.

인천에서 서울까지의 최단 경로는 이 두 도시 간 경로의 가중치들을 합하여 최소가 되는 경로입니다. 인천에서 서울로 가는 경로는 '인천−서울', '인천−대전−서울' 두 가지입니다. 첫 번째 경우의 거리는 2이고, 두 번째 경우의 거리는 인천−대전의 가중치 4와 대전−서울의 가중치 3을 합하여 7이 됩니다. 따라서 최단 경로는 '인천−서울'이 됩니다.

이렇게 간단한 구조에서는 쉽게 최단 경로를 찾겠지만 구조가 복잡해질수록 최단 경로를 찾기가 쉽지 않습니다. 이렇게 복잡한 구조에서는 다익스트라 알고리즘을 이용하면 어렵지 않게 최단 경로를 찾을 수 있습니다. 그러면 다익스트라 알고리즘에 대해 살펴보겠습니다.

잠깐만!

출처 : 위키백과

다익스트라

컴퓨터 분야의 개척자라 할 수 있는 다익스트라(Edsger Wybe Dijkstra)는 화학자인 아버지와 수학자인 어머니로부터 네덜란드 로테르담에서 1930년에 태어났습니다. 그는 암스테르담 대학에서 박사학위를 받고 많은 활동을 하다가 1984년부터 1999년까지 텍사스(Texas at Austin) 대학에서 교수를 하였습니다. 1972년 튜링 상을 수상한 그는 그래프에서 최단 경로를 구하는 '다익스트라 알고리즘', 다중 프로세스들 간의 동기화를 위한 '세마포어', 프로그램 구조를 복잡하게 하고 이해를 어렵게 하는 goto 문을 제거하는 '구조적 프로그래밍(structured programming)' 등의 많은 연구 업적을 남겼습니다. 그리고 그는 '다중 프로그래밍 시스템'을 개척한 개발팀의 일원이기도 했으며 2002년 삶을 마감했습니다.

다익스트라 알고리즘

학습목표 정점과 정점 간의 최단 경로를 구하는 다익스트라 알고리즘에 대해 알아봅니다.

다익스트라 알고리즘은 출발점에서 목표지점까지의 가장 짧은 경로를 구하는 알고리즘으로 모든 정점들은 초기에 임시 값을 가지는데, 이것은 알고리즘이 실행되면서 확정적인 값으로 바뀌게 됩니다. 확정적인 값을 가지는 정점들은 음영으로 하여 임시 값을 가지는 정점과 구분할 것입니다. 그러면 오른쪽 그래프에서 부산을 출발점으로 하여 서울까지의 최단 경로를 구하는 과정을 살펴보겠습니다.

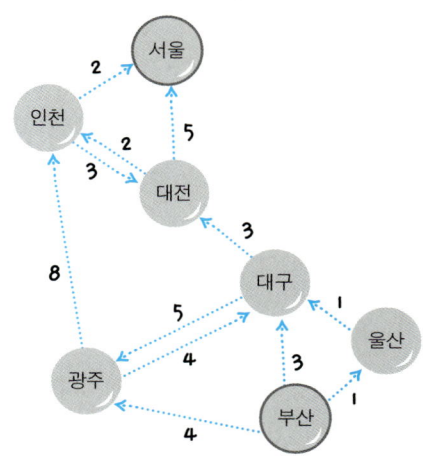

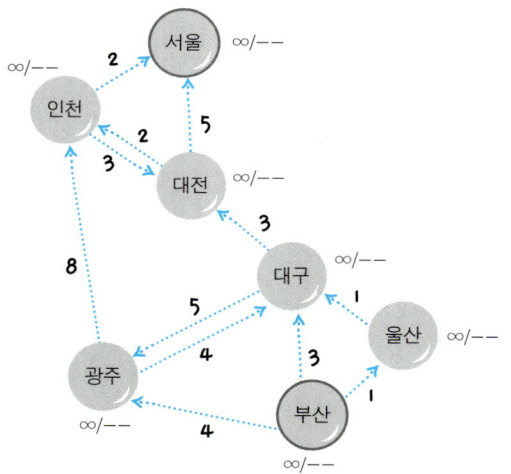

1 각각의 도시 옆에 ∞/――를 기록합니다. '/' 왼쪽에는 출발점으로부터의 경로 거리를 기록하고, '/' 오른쪽에는 해당 도시로 오기 바로 전 도시를 기록할 것인데, ∞는 경로가 없음을 의미하고 ――는 이전 도시가 없음을 의미합니다.

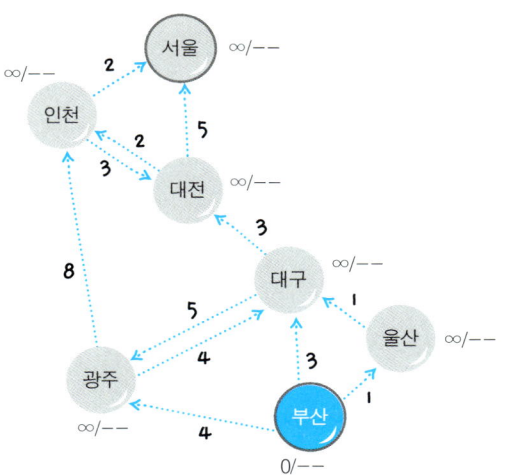

2 출발점이 부산이므로 부산을 선택하여 하늘색으로 하고, 경로 거리는 0으로 하고, 이전 도시는 없으므로 -- 상태 그대로 둡니다.

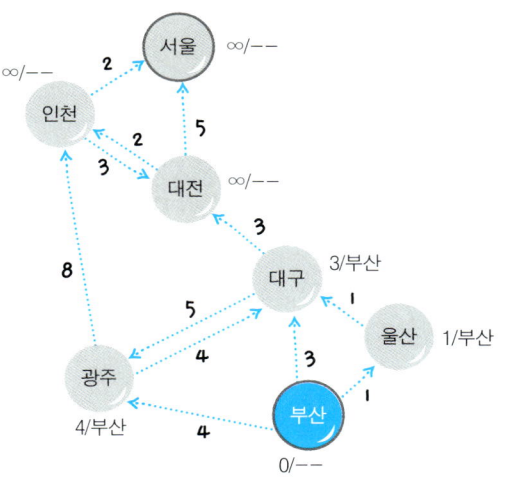

3 부산과 인접한 하늘색이 아닌 도시인 광주, 대구, 울산의 경로 거리와 이전 도시 값을 변경한다. 경로 거리는 간선에 부여된 가중치와 부산의 경로 거리인 0을 더해 구해지므로 4, 3, 1이 되고, 전 도시는 부산이 됩니다.

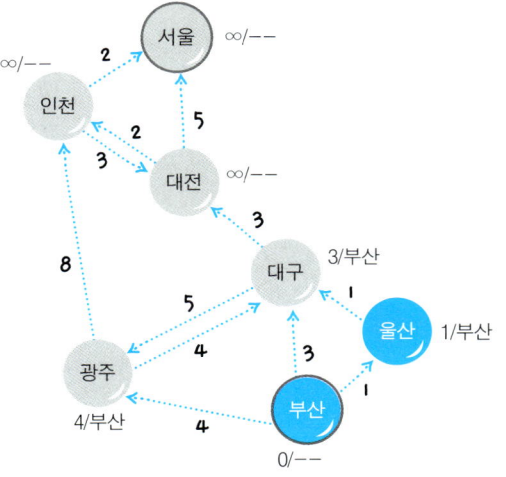

4 부산과 인접한 광주, 대구, 울산 중에 최소 경로 거리는 울산이므로 울산을 선택하여 하늘색으로 칠합니다.

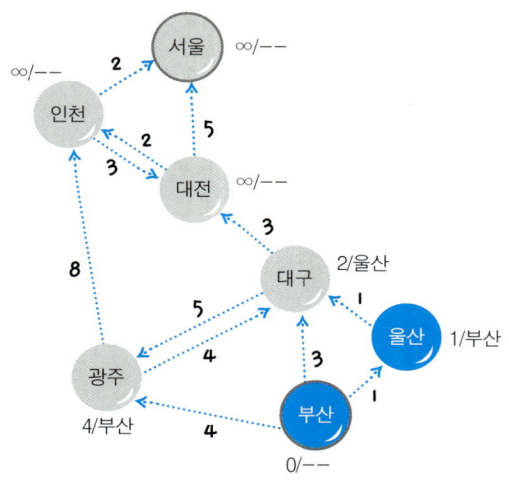

5 울산과 인접하고 하늘색이 아닌 대구의 경로 거리를 계산합니다. 울산과 대구를 연결하는 간선의 가중치 1과 울산의 경로 거리 1을 합하면 2가 됩니다. 원래 대구의 경로 거리 값이 3이었는데 새롭게 계산된 값이 작으므로 작은 값인 2로 변경하고, 이전 도시도 부산에서 울산으로 변경합니다.

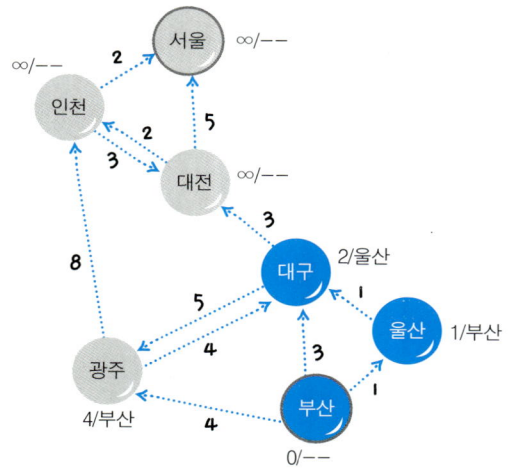

6 선택된 부산, 울산과 연결된 대구, 광주 중 최소 경로 거리인 도시는 대구이므로 대구를 선택해 하늘색으로 칠합니다.

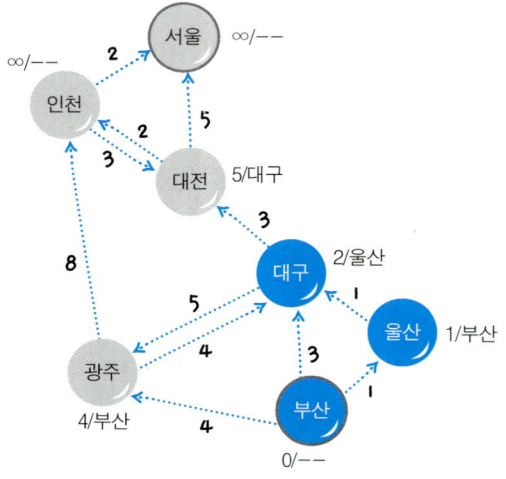

7 대구와 인접하고 하늘색이 아닌 대전과 광주의 경로 거리를 계산합니다. 대전은 5가 되므로 경로 거리를 5로 하고 이전 도시를 대구로 합니다. 새롭게 계산된 광주까지의 거리가 7이고 원래는 4였으므로 광주의 경로 거리와 이전 도시는 그대로 둡니다.

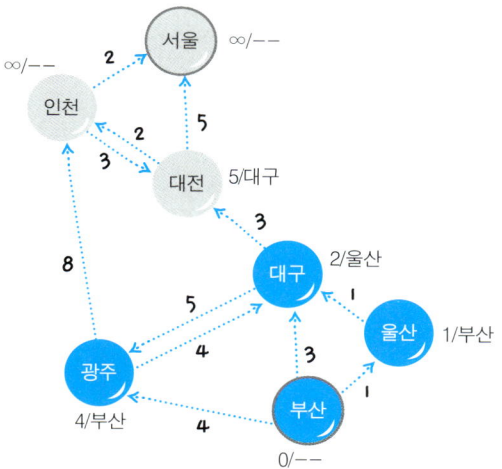

8 선택된 부산, 울산, 대구와 연결된 대전, 광주 중 최소 경로 거리인 도시는 광주이므로 광주를 선택하여 하늘색으로 칠합니다.

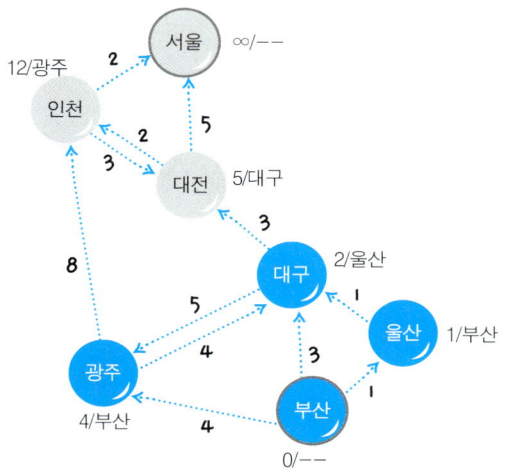

9 광주와 인접하고 하늘색이 아닌 인천의 경로 거리를 계산하면 12가 됩니다. 그러므로 인천의 경로 거리는 12가 되고 이전 도시는 광주가 됩니다.

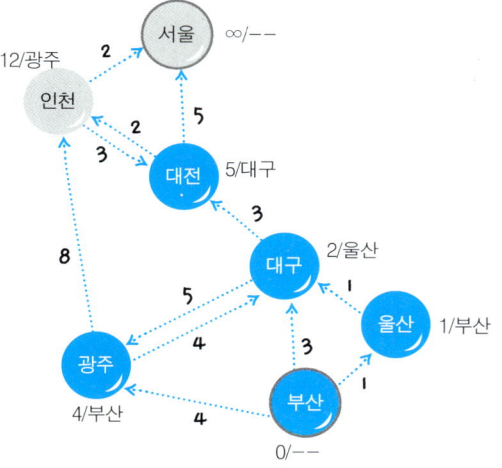

10 선택된 부산, 울산, 대구, 광주와 연결된 대전, 인천 중 최소 경로 거리인 도시는 대전이므로 대전을 선택하여 하늘색으로 칠합니다.

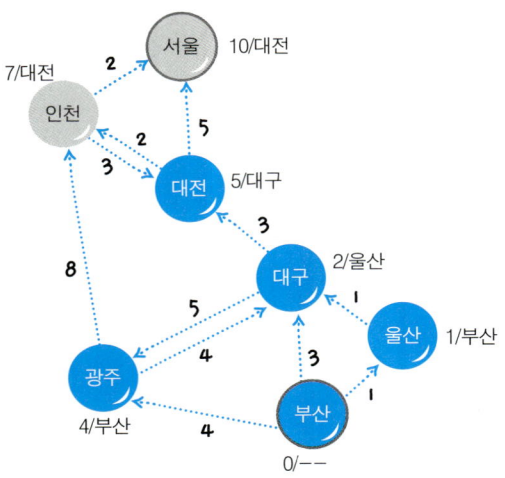

11 대전과 인접하고 하늘색이 아닌 인천과 서울의 경로 거리를 계산하면 7과 10이 됩니다. 새롭게 계산된 인천의 경로 거리는 원래 인천의 경로 거리 값인 10보다 작으므로 인천의 경로 거리는 7로 변경되고, 이전 도시도 대전으로 변경됩니다. 그리고 서울의 경로 거리는 10이 되고, 이전 도시는 대전이 됩니다.

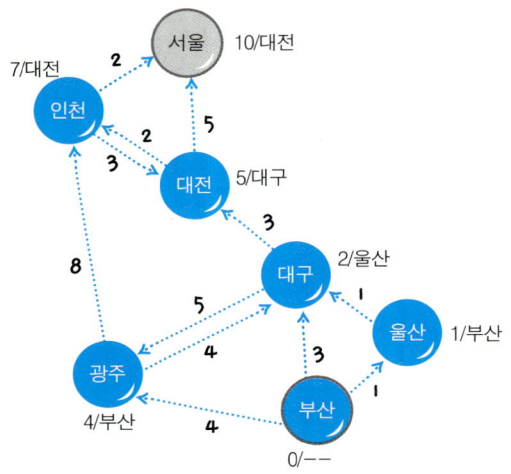

12 선택된 부산, 울산, 대구, 광주, 대전과 연결된 인천, 서울 중 최소 경로 거리인 도시는 인천이므로 인천을 선택하여 하늘색으로 칠합니다.

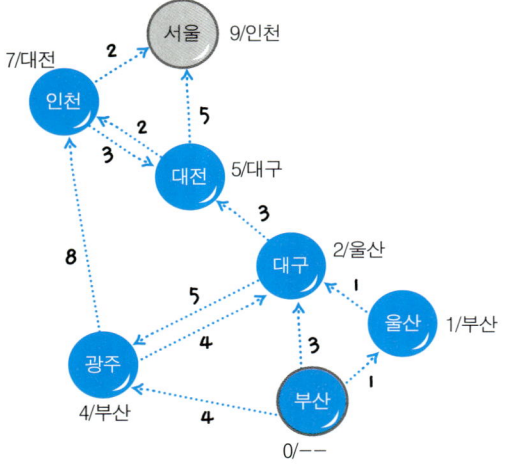

13 인천과 인접하고 하늘색이 아닌 서울의 경로 거리를 계산하면 9가 됩니다. 9는 서울의 원래 경로 거리 값인 10보다 작으므로 서울의 경로 거리를 9로 변경하고 이전 도시를 인천으로 변경합니다.

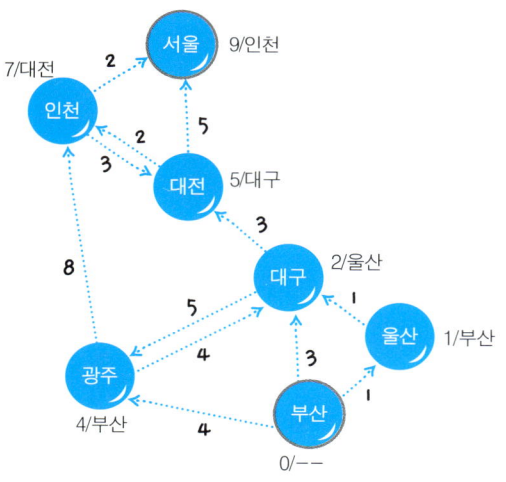

14 마지막으로 서울을 선택하여 하늘색으로 칠하면 모든 과정이 끝납니다.

서울의 경로 거리 값인 9는 최단 경로 길이가 되고, 서울에서부터 이전 도시를 따라가면 '서울-인천-대전-대구-울산-부산'이 되는데 이를 거꾸로 한 '부산-울산-대구-대전-인천-서울'이 최단 경로입니다.

실전 20-2

도·전·해·보·기

다음 그래프에서 a를 출발점으로 하여 g까지의 최단 경로를 다익스트라 알고리즘을 이용하여 구하세요.

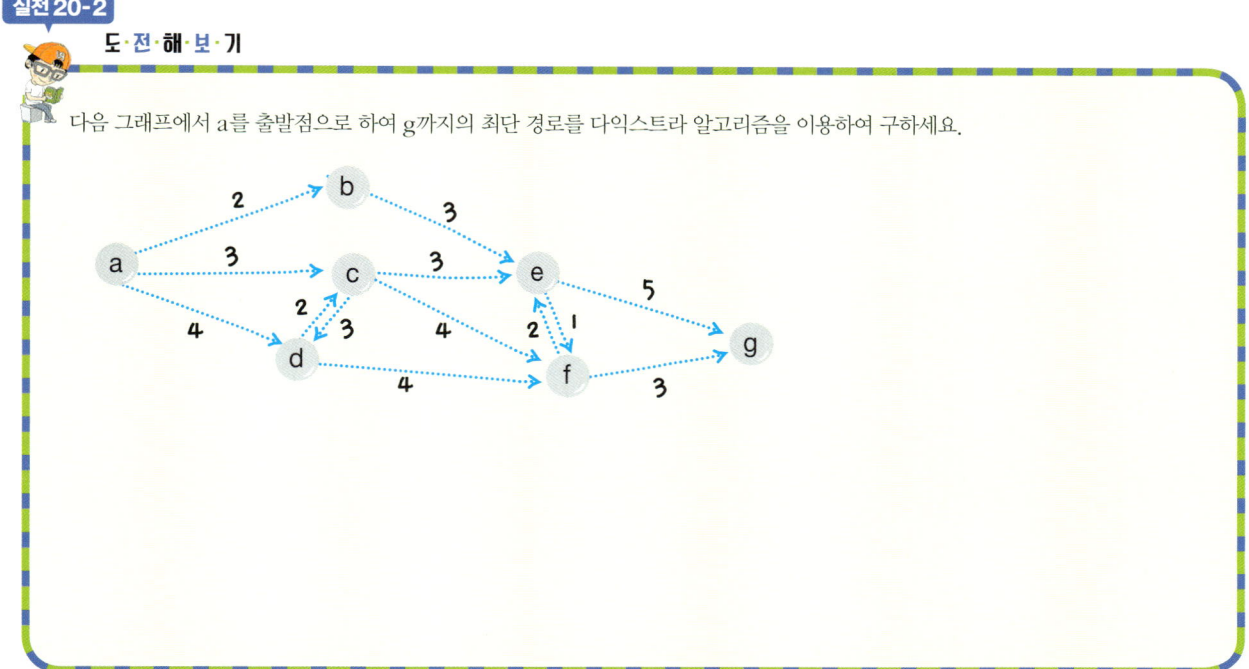

21장

오류
검출하기

네트워크를 통해 데이터를 전송할 때 전파 장애, 해킹 등에 의해 데이터 일부가 변경되거나 사라질 수 있습니다. 그래서 네트워크를 통해 데이터를 수신하면 데이터에 오류가 있는지 검사해야 합니다.

이 장에서는 오류를 판단하는 다양한 방법에 대해 살펴보겠습니다.

21.1

패리티 비트

학습목표 데이터의 오류를 검출하는 간단한 방법인 패리티 비트에 대해 알아봅니다.

실전 21-1

 생·각·해·보·기 잘못된 정사각형을 찾아라

흰색과 파란색의 정사각형으로 이루어진 다음과 같은 도형이 있습니다. 그런데 이 도형의 각 행과 열의 색상별 정사각형 수에는 일정한 규칙이 있습니다.

그런데 다음 도형은 하나의 정사각형 색상이 잘못되어 규칙에 어긋난 행과 열이 있습니다. 색상이 잘못된 정사각형은 무엇인가요?

네트워크를 통해 수신한 데이터에 오류가 있는지를 판단하는 가장 기초적인 방법은 패리티 비트를 사용하는 것입니다.

패리티 비트는 정보를 전달하는 과정에서 오류가 생겼는지를 검사하기 위해 추가된 비트를 말합니다. 패리티 비트에는 짝수 패리티와 홀수 패리티가 있는데, 홀수 패리티는 짝수를 홀수로 대체하면 되므로 짝수 패리티를 기준으로 설명하겠습니다.

짝수 패리티를 구하는 과정은 2진 데이터에 패리티 비트를 추가하여 1의 개수가 짝수가 되게 하는 것입니다.

예를 들어 다음의 2진 데이터는 1의 개수가 홀수이므로 패리티 비트가 1이 되야 1의 개수가 짝수가 됩니다.

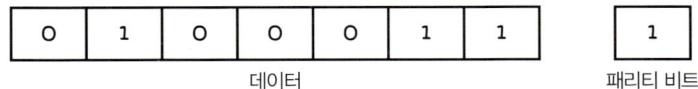

반면 다음 예는 2진 데이터의 1의 개수가 짝수이므로 패리티 비트는 0이 됩니다.

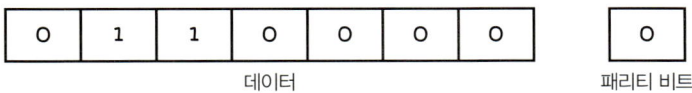

이렇게 만들어진 패리티 비트를 데이터에 붙여 수신측에 보냅니다. 그러면 수신측에서는 수신된 정보(데이터와 패리티 비트)에 대한 패리티 비트를 다시 구해 오류 발생 여부를 판단합니다.

수신한 정보에 대한 패리티 비트가 0이면 오류가 발생하지 않은 것으로 판단하고, 패리티 비트가 1이면 오류가 발생한 것으로 판단합니다.

다음 예에서 수신한 정보(송신측 패리티 비트도 포함한 정보)에 대한 패리티 비트를 구하면 0이므로 오류가 없는 것으로 판단합니다.

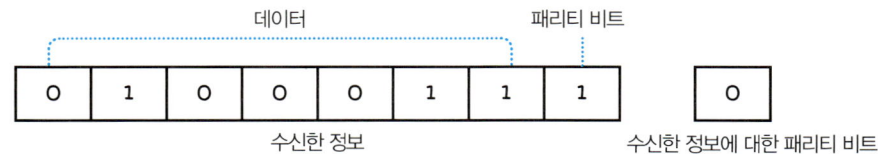

그러나 다음 예에서는 수신한 정보에 대한 패리티 비트가 1이므로 오류가 발생한 것으로 판단합니다.

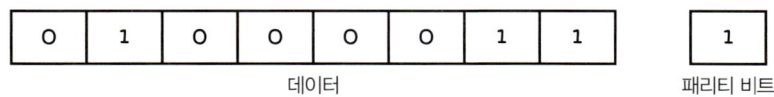

그런데 이 방법은 짝수 개의 비트에 오류가 발생하면 오류를 검출할 수 없다는 문제점이 있습니다. 다음은 두 개의 비트에 오류가 발생했음에도 불구하고 오류가 없는 것으로 간주하는 예입니다.

이런 문제점을 일부 보완한 검출 방법으로 세로 중복 검사가 있는데 이어서 살펴보겠습니다.

동영상 확인해보기

패리티 비트와 관련된 언플러그드 활동 동영상을 확인하기 바랍니다.
https://youtu.be/W5shajbax9o

스크래치 알고리즘(한빛미디어) 책의 11장. 오류 검출하기에서 패리티 비트를 보세요.

21.2

세로 중복 검사

학습목표 데이터를 행렬의 형태로 구성해서 오류를 검출하는 세로 중복 검사에 대해 알아봅니다.

세로 중복 검사는 패리티 비트에서도 발견하지 못하는 오류까지 검출할 확률이 높은 방법으로, 데이터를 행렬의 형태로 구성해 동작합니다. 구체적인 동작 과정은 예를 통해 살펴보겠습니다.

송신측에서 다음과 같은 24비트 데이터를 전송하고자 합니다.

01000001 01101100 11010011

그러면 데이터를 8비트로 구분해 3행 8열의 행렬로 변환한 다음, 같은 열에 대응되는 비트들에 대한 패리티 비트를 구합니다. 이 계산된 패리티 비트들이 중복 정보가 됩니다.

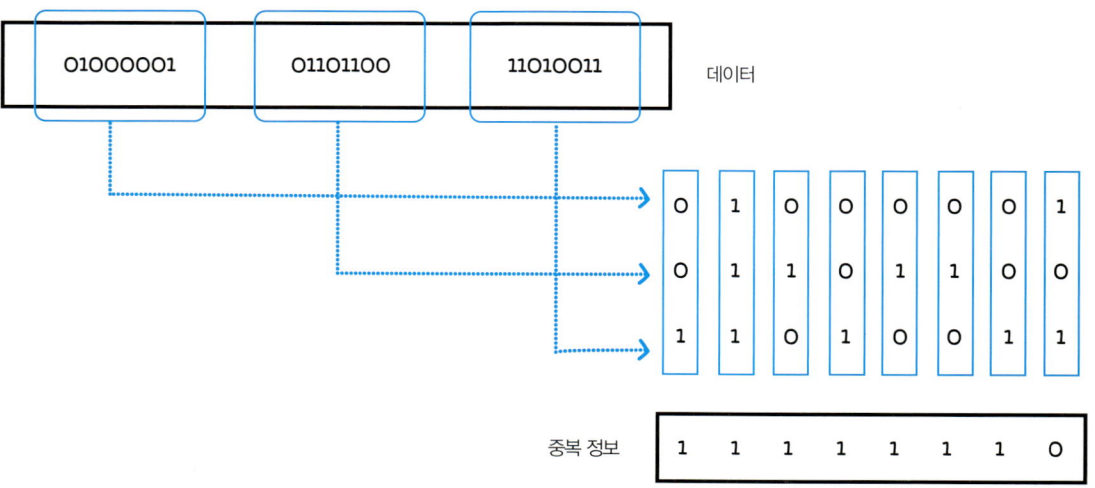

중복 정보를 구하면 데이터와 함께 수신측으로 전송합니다.

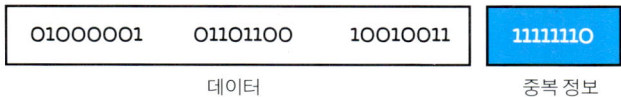

| 01000001 | 01101100 | 10010011 | 11111110 |

데이터   중복 정보

정보를 받은 수신측은 오류가 발생했는지를 검사하는데, 송신측에서 중복 정보를 구한 과정과 같은 방법으로 수신한 정보에 대한 중복 정보를 구합니다. 계산된 결과가 0이면 오류가 없는 것으로 간주하고, 0이 아니면 오류가 있는 것으로 간주합니다.

다음과 같이 2개의 비트에 오류가 발생한 정보를 수신했다고 하겠습니다. 패리티 비트에서는 오류가 없는 것으로 판단하지만 이 경우에는 결과가 0이 아니므로 오류로 판단합니다.

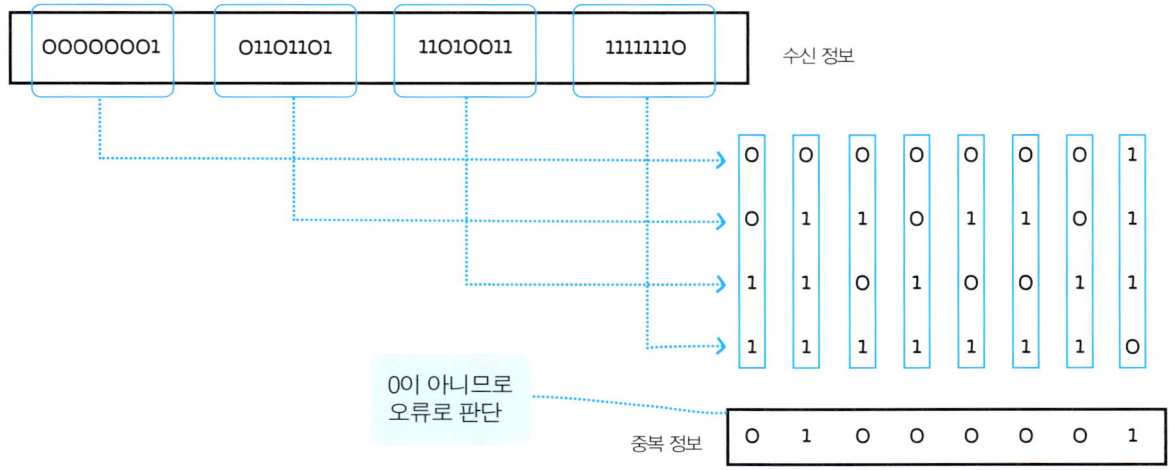

21.3

체크섬

학습목표 1의 보수 덧셈을 이용해서 오류를 검출하는 체크섬에 대해 알아봅니다.

오류 검출의 한 방법인 체크섬을 구하는 과정은 다음과 같습니다.

> ① 전송할 데이터를 n비트 크기로 k개의 섹션으로 나눈다.
> ② k개의 섹션을 1의 보수 방법을 사용해 더한다.
> ③ 더한 값을 1의 보수화한다.

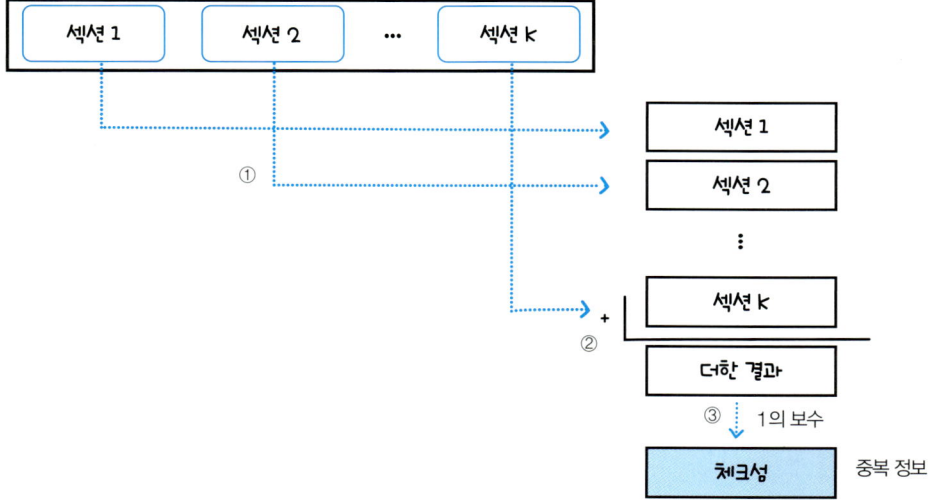

중복 정보가 구해지면 데이터와 중복 정보를 함께 수신측에 전송합니다. 그러면 수신측에서는 전송받은 정보에 대한 체크섬을 동일한 방법으로 구해 결과가 0이면 오류가 없는 것으로 간주하고 0이 아니면 오류로 간주합니다.

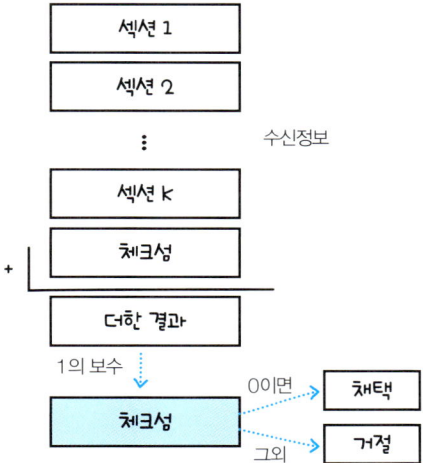

예를 통해 살펴보겠습니다.

전송하고자 하는 데이터를 다음과 같이 8비트씩 3개로 나눈 다음, 이를 1의 보수 방법을 적용해 더하고 이 합을 1의 보수화하면 체크섬 01100001이 나옵니다.

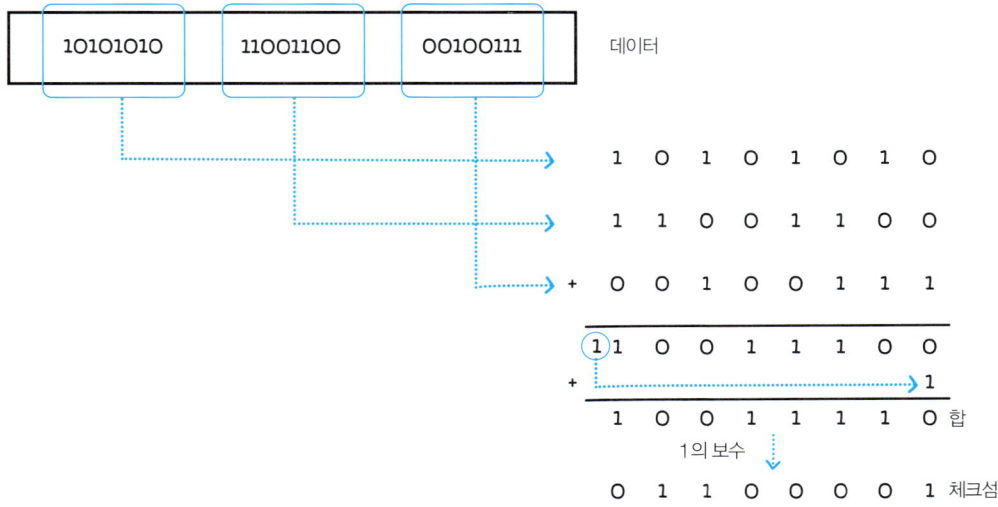

구한 체크섬을 데이터와 함께 수신측으로 전송합니다.

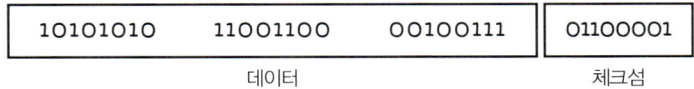

수신측에서 받은 정보를 8비트씩 4로 나눈 다음, 발신측에서와 마찬가지 방법으로 체크섬을 구합니다. 구한 값이 0이므로 오류가 없는 것으로 간주합니다. 만약 0이 아니면 오류로 간주합니다.

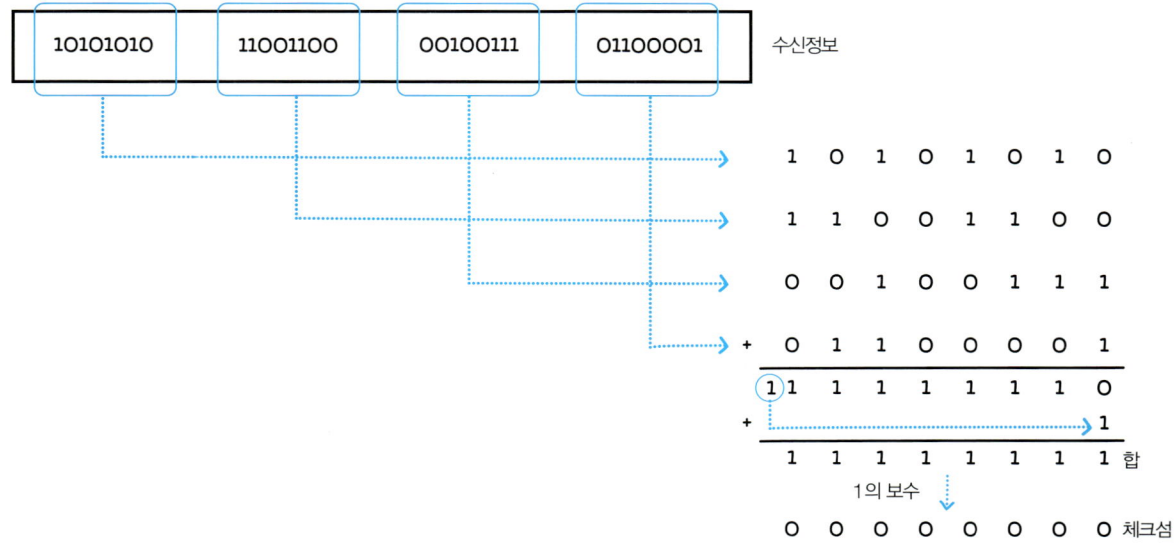

잠깐만!

1의 보수 덧셈

```
  1 0 1 0
+ 0 0 1 1
─────────
  1 1 0 1
```

1의 보수 덧셈은 두 개의 2진수를 더하는 것인데, 만약 가장 왼쪽 자리에서 자리올림이 발생하면 자리올림수인 1을 제거한 값에 자리올림수인 1을 더한 값이 결과가 됩니다. 왼쪽 예는 자리올림이 발생하지 않으므로 1101이 결과가 됩니다.

반면 오른쪽 예는 가장 왼쪽 자리에 자리올림이 발생하므로 자리올림수 1을 0110에 더해 결과는 0111이 됩니다.

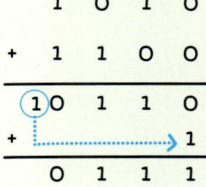

실전 21-2

도·전·해·보·기

다음 데이터에 대한 체크섬을 구하세요. 단, 각 섹션의 크기는 8비트라 가정합니다.

11001100 10111000 01010101

22장

압축하기

확장자가 zip인 압축된 파일을 사용할 때 압축 프로그램을 이용해서 압축을 해제합니다. 또한 용량이 큰 파일을 메일을 통해 보내고자 할 때도 압축 프로그램을 이용해서 압축합니다. 데이터의 크기를 줄이는 것을 압축이라고 하는데 이와 같은 기술은 텍스트뿐만 아니라 이미지, 동영상 등 다양한 매체의 크기를 줄이는 데 사용됩니다.

대표적인 압축 기술에는 런 렝스 코딩과 허프만 코딩이 있는데 이들에 대해 살펴보겠습니다.

22.1

런 렝스 코딩

 **학습목표** 반복 횟수를 이용해서 압축하는 런 렝스 코딩에 대해 알아봅니다.

잠깐만!

압축
적은 공간에 데이터를 효율적으로 기록하는 기술을 뜻합니다.

간단한 텍스트를 압축해보면서 압축의 원리를 알아보겠습니다.

24개의 글자로 이루어진 다음과 같은 텍스트가 있습니다.

> AAAAAAABBCCCDEEEEFFFFFFG

한 문자는 1바이트를 차지하며 저장되므로 이 텍스트의 크기는 24바이트가 됩니다. 압축이라함은 원래의 파일보다 작게 만들면 성공인데, 가장 쉽게 생각해 볼 수 있는 압축 방법으로는 문자열을 '문자×반복횟수'로 표현하는 방법이 있습니다. 이 방식으로 텍스트를 압축하면 14바이트로 원래의 텍스트보다 길이가 줄었으니 압축에 성공한 것입니다.

> A7B2C3D1E4F6G1

개념적으로는 간단하지만, 7이나 2와 같은 문자가 숫자를 의미하는지 그냥 문자인지를 판별하기 어려운 문제가 발생합니다. 만일 압축할 파일이 앞서 살펴본 예처럼 알파벳 문자로만 이루어졌다면 이런 방법을 그대로 사용하면 될 것입니다. 그러나 숫자와 문자가 혼합되어 있는 경우에는 이 방식을 사용할 수 없으며, '탈출문자'라는 것을 사용하면 됩니다. 이는 파일에서 아주 드물게 사용되는 문자를 택하여 탈출문자로 약속하여 사용합니다. 그래서 문자가 반복되는 모양을 압축할 때 '반복문자×탈출문자×반복횟수'로 표현합니다. 예를 들어 탈출문자를 '＊'라고 한다면 앞의 텍스트는 다음과 같이 압축될 수 있습니다.

> A＊7B＊2C＊3D＊1E＊4F＊6G＊1

이와 같이 파일의 내용을 '반복문자×탈출문자×반복횟수'로 나타내어 압축하는 방법을 '런 렝스 코딩(run length coding)'이라고 합니다.

앞에서 살펴본 예에서는 다행히도 압축을 했을 때 압축률이 좋아졌지만 다음과 같이 반복되는 부분이 거의 없는 텍스트를 압축해보면 원래의 크기보다 커지는 것을 알 수 있습니다.

programming

↓

p * 1r * 1o * 1g * 1r * 1a * 1m * 2i * 1n * 1g * 1

결국 런 렝스 코딩은 그림 파일과 같이 같은 부분이 계속 반복되는 경우에는 적합하지만, 텍스트 파일처럼 반복되는 부분이 많지 않은 경우에는 적합하지 않습니다.

그러면 텍스트 파일에 적합한 압축 방법인 허프만이 고안한 허프만 코딩에 대해 알아보겠습니다.

22.2
허프만 코딩

학습목표 사용 빈도수를 이용해서 압축하는 허프만 코딩에 대해 알아봅니다.

실전 22-1

 생·각·해·보·기 줄여보자

다음 문장의 각 글자를 2진수 1, 01, 000, 0010, 0011로 바꾸어서 가장 짧은 길이의 문장으로 표현하려고 합니다.

간장 공장 공장장은 간 공장장임

가장 짧은 길이의 2진수로 문장을 표현할 때 각 글자별로 바뀌어 표현되는 2진수를 다음 표에 적으세요.

간		장		공		은		임	

허프만 코딩(Huffman coding)은 대부분의 압축 프로그램에서 쓰이는 방법으로, 자주 사용되는 문자는 적은 비트로 된 코드로 변환해서 표현하고, 별로 사용되지 않는 문자는 많은 비트로 된 코드로 변환하여 표현함으로써 전체 데이터를 표현하는 데 필요한 비트의 양을 줄이는 방법입니다.

허프만 코딩에서는 압축 대상이 되는 데이터마다 최대한 효율적으로 압축이 될 수 있게끔 코드를 생성하고 그 체계에 따라 압축합니다. 그렇게 되려면 데이터마다 각 문자에 대한 특정 코드가 정해져야 하는데 이때 필요한 것이 허프만 트리(Huffman tree)입니다.

다음 텍스트를 허프만 코딩을 이용해 압축해보겠습니다.

FFBAAEDGAEFEBCFFECAFAACA

1 데이터에서 사용되는 각 문자에 대한 출현 빈도수를 구합니다.

문자	A	B	C	D	E	F	G
출현빈도	7	2	3	1	4	6	1

7	6	4	3	2	1	1
A	F	E	C	B	D	G

2 빈도수를 기준으로 내림차순으로 정렬합니다.

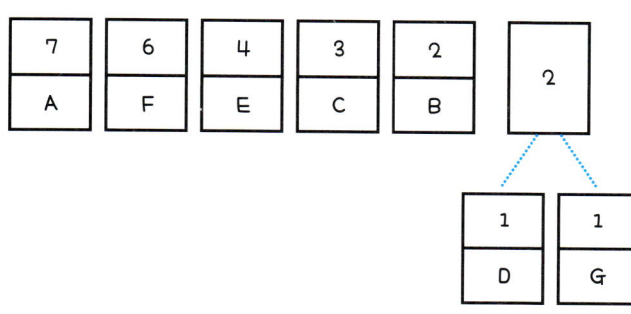

3 출현 빈도가 가장 적은 2개의 노드인 D와 G를 가지로 연결하고, 가지 위에 두 문자의 빈도수의 합인 2를 적습니다. 빈도수의 합인 2를 기준으로 재배열합니다.

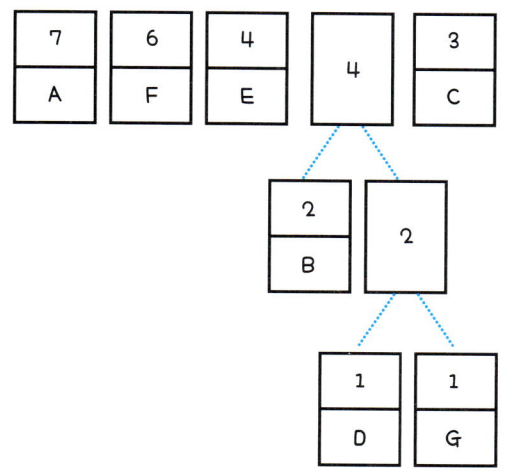

4 마찬가지로 가장 오른쪽에 위치한 값이 가장 작은 두 개의 노드를 가지로 연결하고, 두 값의 합인 4를 적습니다. 새롭게 생성된 노드를 재배열합니다.

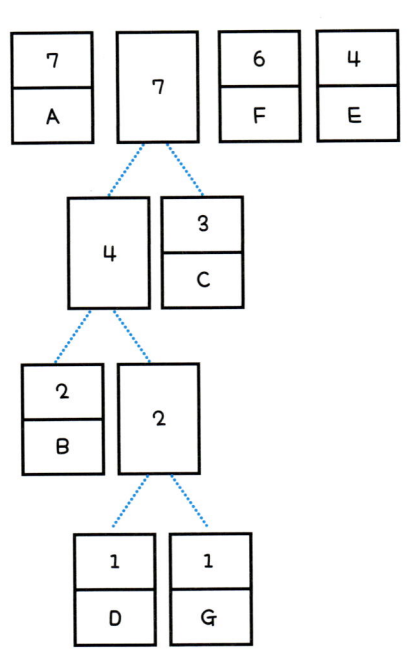

5 가장 오른쪽에 위치한 노드 값이 가장 작은 두 개의 노드를 연결하고, 재배열합니다.

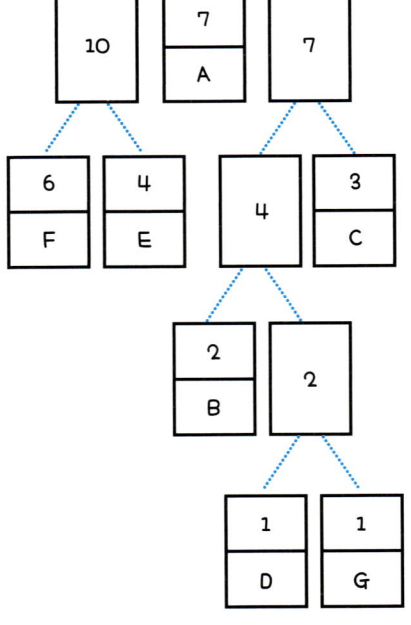

6 노드 값이 가장 작은 두 개의 노드를 연결하고, 재배열합니다.

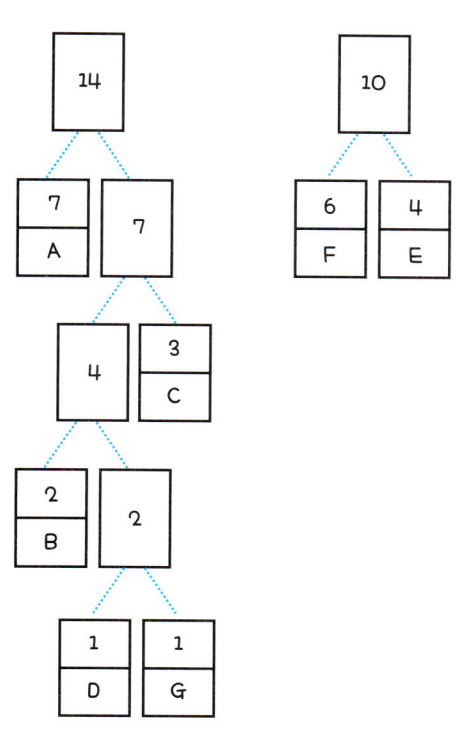

7 마찬가지 동작을 합니다.

8 마찬가지 동작을 합니다. 더 이상 연결할 수 없으므로 동작을 종료하는데, 이렇게 완성된 트리가 허프만 트리입니다.

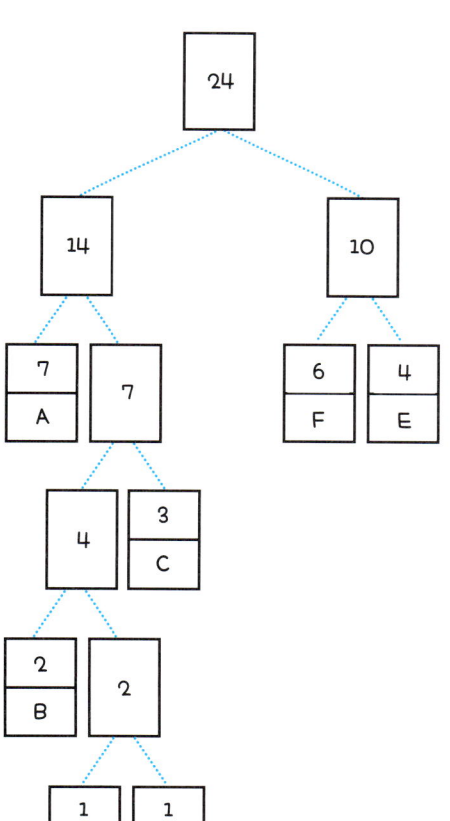

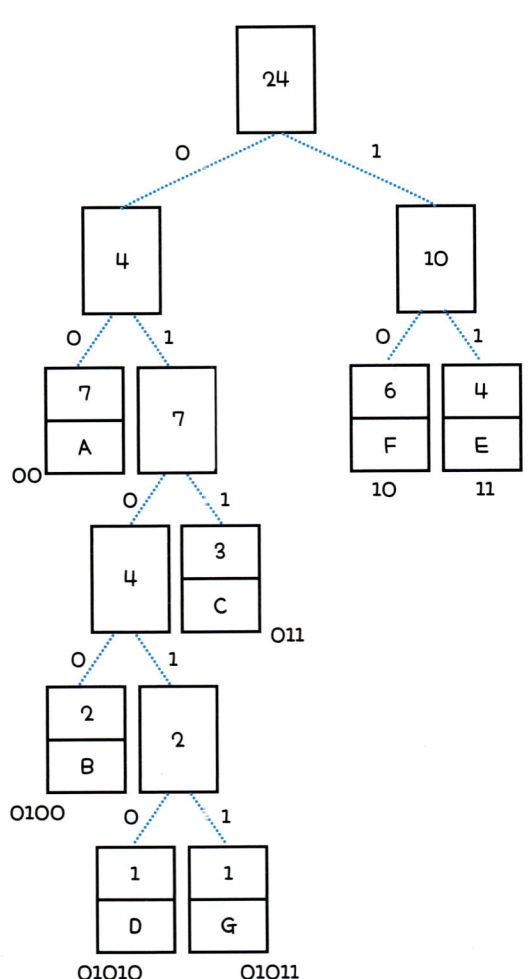

9 각 가지의 왼쪽에는 0, 오른쪽에는 1을 씁니다. 그리고 뿌리로 시작해서 가지로 숫자를 읽어 내려가 알파벳에 적습니다. 이 숫자가 허프만 코드가 됩니다.

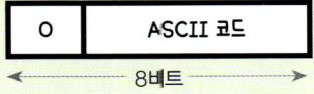

각 문자에 대한 출현 빈도와 코드 및 코드 길이를 정리하면 다음 표와 같은데, 출현 빈도수가 높은 문자에 대한 코드의 길이는 짧아지는 것을 알 수 있습니다.

문자	출현 빈도	허프만 코드	ASCII 코드
A	7	00	1000001
F	6	10	1000110
E	4	11	1000101
C	3	011	1000011
B	2	0100	1000010
D	1	01010	1000100
G	1	01011	1000111

FFBAAEDGAEFEBCFFECAFAACA를 압축 전 후의 코드로 표현하면 다음과 같습니다.

구분	비트 표현	비트수
압축 전 (ASCII 코드)	100011010001101000010100000110000011000101100 0100 1000100100000110000101100011010001011000010100 0011 1000110100011010001011000011100000110001101000 001 10000011000011100001	168
압축 후 (허프만 크드)	1010010000011010100101100111011010001110101101 1001000 00 01100	61

ASCII 코드로 표현했을 경우 텍스트의 길이가 168비트였는데, 허프만 코드로 압축하여 표현하면 61비트로 줄어드는 것을 알 수 있습니다.

실전 22-2

도·전·해·보·기

텍스트 'ABCAABCAB'를 허프만 코드로 변환하세요.

실전 문제 풀이

1장 프로그램과 프로그래밍

실전 1-1

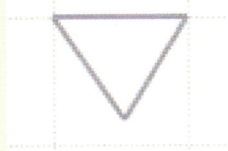

실전 1-2

http://cafe.naver.com/scratchprogramming의 '프로그래밍비타민 책 자료' 게시판의 '프로그램과 프로그래밍(1장)'에서 제공합니다.

2장 프로그램에서의 데이터

실전 2-1

실전 2-2

http://cafe.naver.com/scratchprogramming의 '프로그래밍비타민 책 자료' 게시판의 '프로그램에서의 데이터(2장)'에서 제공합니다.

실전 2-3

3단계

3장 진법

실전 3-1

묶음별 음료수의 수는 1, 6, 36, 216개로 단위가 한 단계 커질수록 6배 커집니다. 3-5-2-4는 큰 묶음이 3개, 중간 묶음이 5개, 작은 묶음이 2개, 낱개가 4라는 의미이므로 음료수의 수는 $(3 \times 216) + (5 \times 36) + (2 \times 6) + 4$이 되어 총 844개입니다. 특히 3524는 6진법으로 표현된 수라 할 수 있는데, 이를 10진수로 변환하는 수식은 다음과 같이 나타낼 수 있습니다.

$$3 \times 6^3 + 5 \times 6^2 + 2 \times 6^1 + 4 \times 6^0$$

실전 3-2

① 1100_2　　② 1301_4　　③ 1332_8　　④ $1A5_{16}$

실전 3-3

① 6　　② 9　　③ 11　　④ 15

실전 3-4

① 45　　② 477　　③ 175

실전 3-5

① 0101　　② 0111　　③ 1010　　④ 1101

실전 3-6

159_{16}

실전 3-7

165_4, 117_8, 75_{16}

실전 3-8

1421_5

4장 문자 표현

실전 4-1

ILOVEYOU

실전 4-2

각자 해보세요.

실전 4-3

1010000 1110010 1101111 1100111 1110010 1100001 1101101 1101101 1101001 1101110 1100111

실전 4-4

16진수로 나타내면 B300 D55C BBFC AD6D 이므로 이를 2진수로 나타내면 다음과 같습니다.

1011001100000000 1101010101011100 1011101111111100 1010110101101101

5장 숫자 표현

실전 5-1

0, 7, −3, −7

실전 5-2

11000111

실전 5-3

11000010010001000000000000000000

6장 반복 구조

실전 6-1

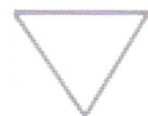

실전 6-2

( ) 번 반복하기

실전 6-3

http://cafe.naver.com/scratchprogramming의 '프로그래밍비타민 책 자료' 게시판의 '반복구조(6장)'에서 제공합니다.

실전 6-4

실전 6-5

http://cafe.naver.com/scratchprogramming의 '프로그래밍비타민 책 자료' 게시판의 '반복구조(6장)'에서 제공합니다.

7장 조건 구조

실전 7-1

F

실전 7-2

2 : `1 부터 2 사이의 난수 = 1`

3 : `모양을 앞면 ▼ (으)로 바꾸기`

4 : `앞면횟수 ▼ 을(를) 1 만큼 바꾸기`

5 : `모양을 뒷면 ▼ (으)로 바꾸기`

6 : `뒷면횟수 ▼ 을(를) 1 만큼 바꾸기`

실전 7-4

http://cafe.naver.com/scratchprogramming의 '프로그래밍비타민 책 자료' 게시판의 '조건구조(7장)'에서 제공합니다.

8장 논리

실전 8-1

① 1   ② 7   ③ 2   ④ 5   ⑤ 9   ⑥ 10

실전 8-2

`요일 = 월요일 가(이) 아니다`

실전 8-3

2 : 또는

3 : 그리고

실전 8-4

또는

실전 8-5

`년도 나누기 4 의 나머지 = 0 그리고 년도 나누기 100 의 나머지 = 0 가(이) 아니다`

9장 함수

정사각형그리기

1 : [길이 ▼ 을(를) 30 로 정하기]

2 : [정사각형 그리기 길이]

3 : [길이 ▼ 을(를) 30 만큼 바꾸기]

http://cafe.naver.com/scratchprogramming의 '프로그래밍비타민 책 자료' 게시판의 '함수(9장)'에서 제공합니다.

10장 재귀함수

30

< 계수 > 0 >

11장 배열

1. 현○○ 학생의 물품을 오른쪽 사물함으로 이동

2. 이○○ 학생의 물품을 오른쪽 사물함으로 이동

3. 박○○ 학생의 물품을 세 번째 사물함에 넣음

12장 연결 리스트

실전 12-1

① 6번 카드의 다음에 연결될 카드 번호를 7로 수정합니다.

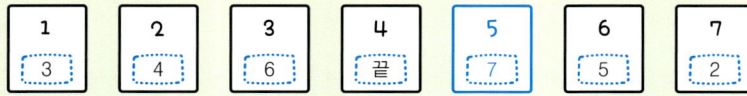

② 추가된 8번 카드의 다음에 연결될 카드 번호를 6으로 하고, 3번 카드의 다음에 연결될 카드 번호를 8로 수정합니다.

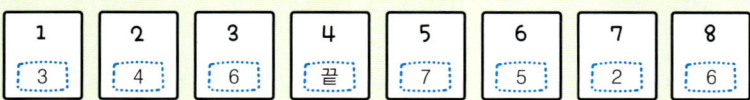

실전 12-2

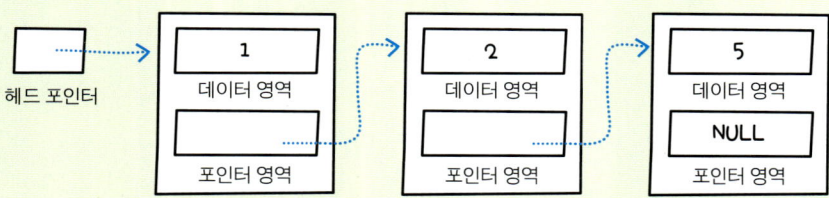

동작 과정은 생략합니다.

13장 스택

동작 과정은 다음과 같습니다.

1. 자동차 D가 '가'로 이동합니다.

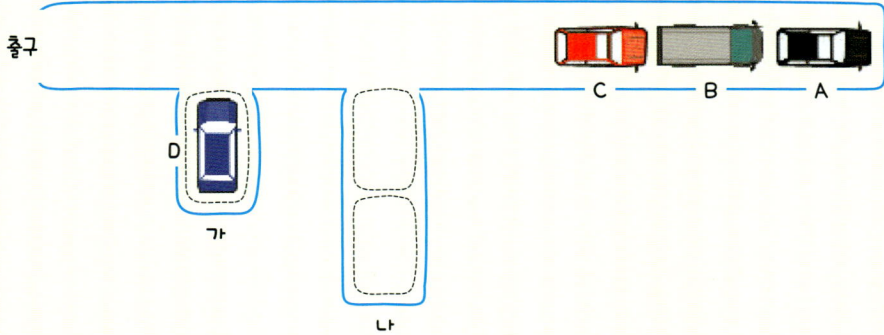

2. 자동차 C가 '나'로 이동합니다.

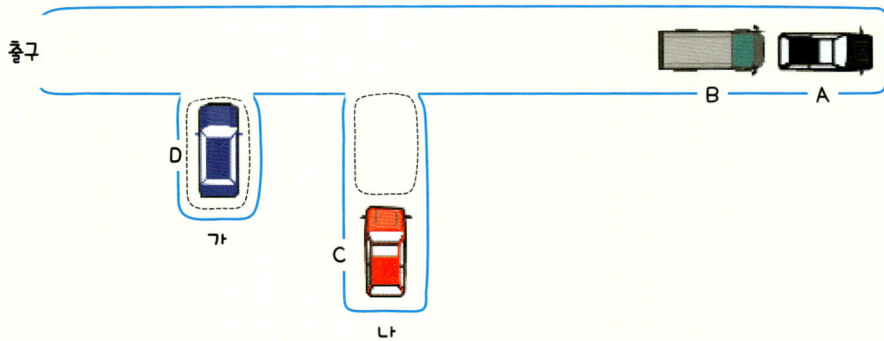

3. 자동차 B가 '나'로 이동합니다.

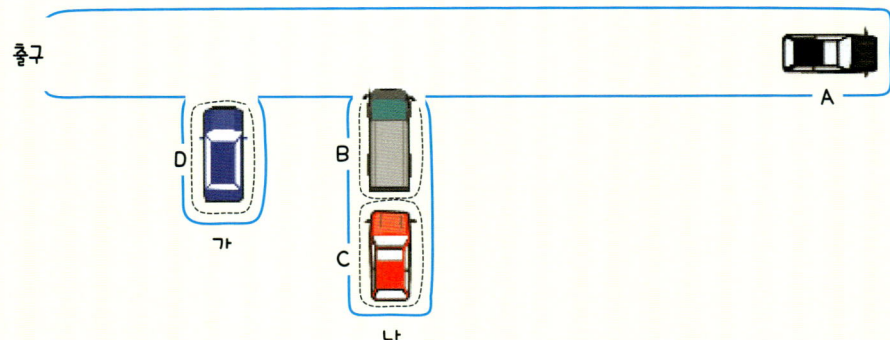

4. 자동차 A가 출구로 나옵니다.

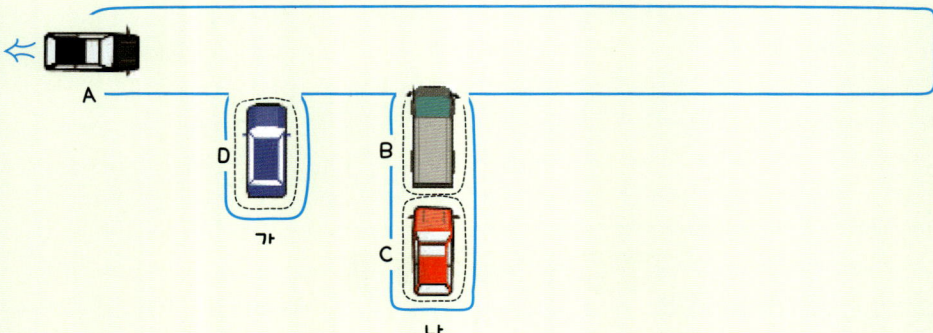

5. 자동차 D가 출구로 나옵니다.

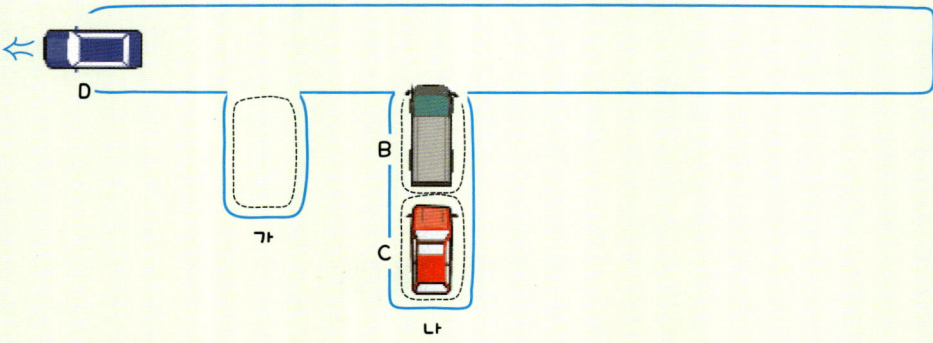

6. 자동차 B가 '가'로 이동합니다.

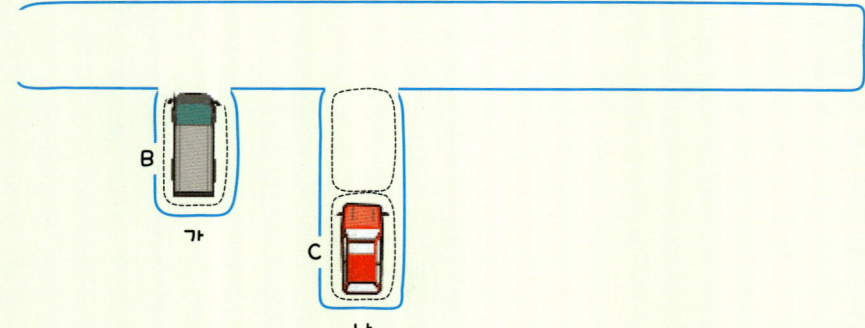

7. 자동차 C가 출구로 나옵니다.

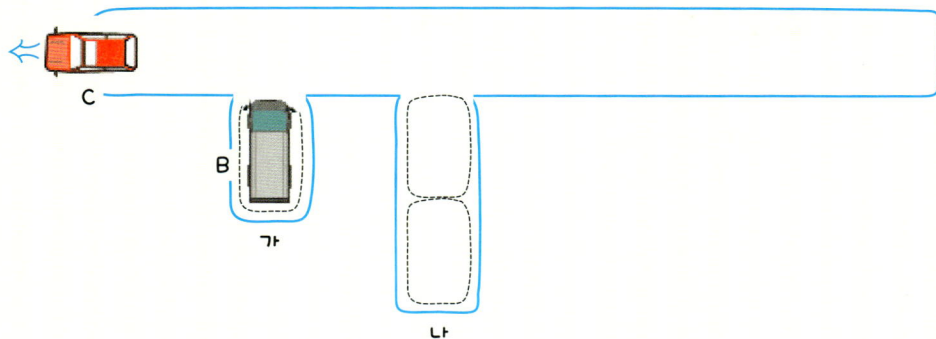

8. 자동차 B가 출구로 나옵니다.

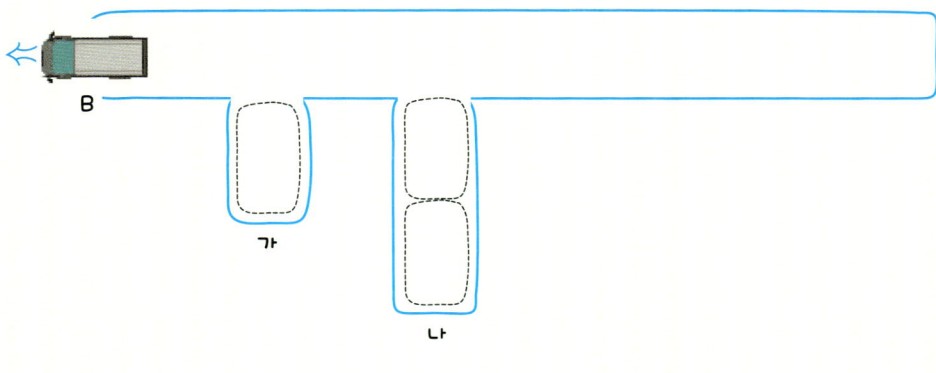

실전 13-2

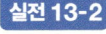

실전 13-3

14장 큐

다음과 같이 하나씩 지워나가면 10이 남는 것을 알 수 있습니다.

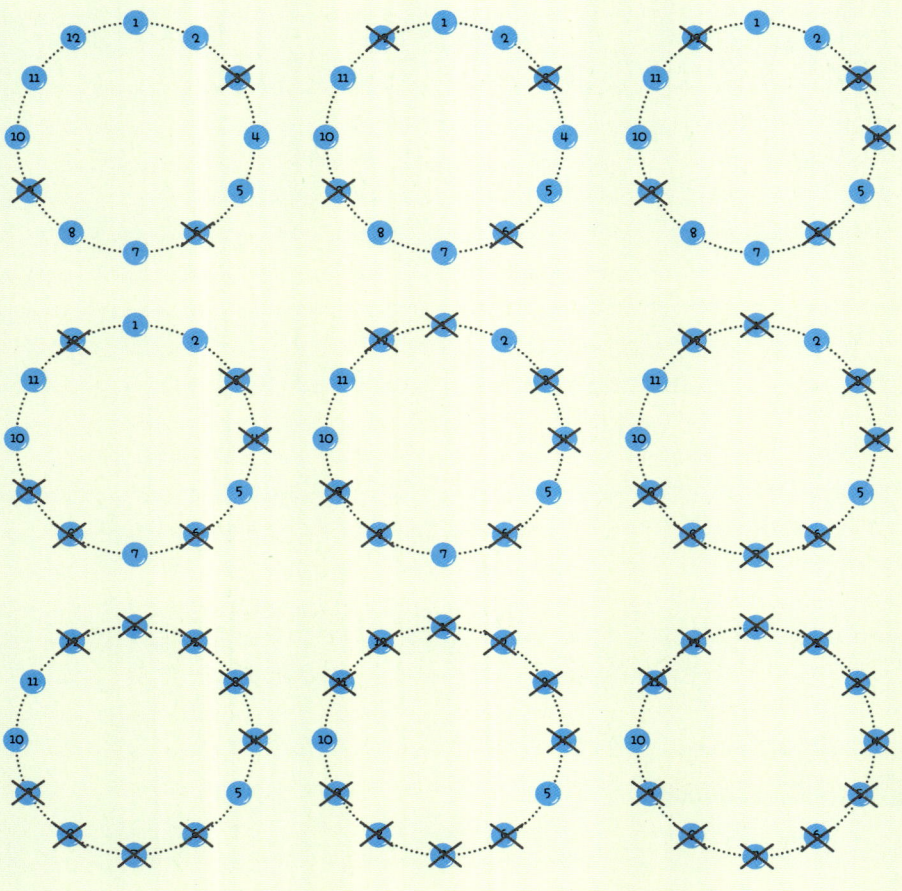

이런 문제를 요세푸스 문제라 하는데 다음 공식을 이용하면 문제를 해결할 수 있습니다. 여기서 n은 사람 수이고, L(n)은 최후에 남는 한 사람의 위치를 의미합니다.

식 1) L(n) = n−1 이면 L(n+1) = 1

식 2) L(n) = n 이면 L(n+1) = 2

식 3) 다른 경우는 L(n+1) = L(n) + 3

이 공식에 대입하여 푸는 과정은 다음과 같습니다.

사람이 한 명인 경우에는 1번이 최후에 남는 사람이므로 L(1)=1이 된다.

사람이 두 명인 L(2)는 식(2)에 의해 L(1)=1이므로 L(2)는 2가 된다.

사람이 세 명인 L(3)은 식(2)에 의해 L(2)=2이므로 L(3)은 2가 된다.

사람이 네 명인 L(4)는 식(1)에 의해 L(3)=2이므로 L(4)는 1이 된다.

사람이 다섯 명인 L(5)는 식(3)에 의해 L(5)=L(4)+3이므로 L(5)는 4가 된다.

이런 식으로 계산하면 다음과 같이 되어 L(12)는 10이 된다.

L(6) = 1, L(7) = 4, L(8) = 7, L(9) = 1, L(10) = 4, L(11) = 7, L(12) = 10

실전 14-2

> **rear** < **큐크기** | 또는 **rear** = **큐크기**

실전 14-3

> **front** < **rear**

15장 트리

실전 15-1

여러 방법이 있을 수 있는데 다음은 그 중 한 가지 방법입니다.

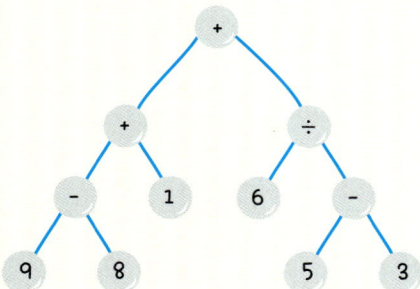

- 전위 순회 : A, B, D, F, G, C, E

- 중위 순회 : F, D, G, B, A, E, C

- 후위 순회 : F, G, D, B, E, C, A

16장 그래프

실전 16-1

이동 경로의 소요 시간을 표현해야 하므로 표의 각 칸에 소요 시간을 표현하고 이동 경로가 없을 경우에는 0을 표현하면 됩니다.

도착지

출발지		서울	대전	광주	부산
	서울	0	2	0	0
	대전	3	0	2	0
	광주	0	0	0	4
	부산	5	3	0	0

실전 16-2

- 깊이 우선 탐색 : A, B, C, E, F, D

- 너비 우선 탐색 : A, B, C, D, E, F

17장 정렬

실전 17-1

여러 방법이 있을 수 있는데 다음은 그 중 한 가지 방법입니다.

1. 첫 번째 공과 두 번째 공을 올려 무게를 비교한다. 첫 번째 공이 더 무거우면 두 공의 위치를 교환하여 상자에 넣고, 그렇지 않으면 그대로 상자에 넣는다.

2. 두 번째 공과 세 번째 공을 올려 무게를 비교한다. 두 번째 공이 더 무거우면 두 공의 위치를 교환하여 상자에 넣고, 그렇지 않으면 그대로 상자에 넣는다.

3. 세 번째 공과 네 번째 공을 올려 무게를 비교한다. 세 번째 공이 더 무거우면 두 공의 위치를 교환하여 상자에 넣고, 그렇지 않으면 그대로 상자에 넣는다.

4. 네 번째 공과 다섯 번째 공을 올려 무게를 비교한다. 네 번째 공이 더 무거우면 두 공의 위치를 교환하여 상자에 넣고, 그렇지 않으면 그대로 상자에 넣는다. 이 동작을 마치면 가장 무거운 공이 마지막 상자에 위치하게 된다.

5. 첫 번째 공과 두 번째 공을 올려 무게를 비교한다. 첫 번째 공이 더 무거우면 두 공의 위치를 교환하여 상자에 넣고, 그렇지 않으면 그대로 상자에 넣는다.

6. 두 번째 공과 세 번째 공을 올려 무게를 비교한다. 두 번째 공이 더 무거우면 두 공의 위치를 교환하여 상자에 넣고, 그렇지 않으면 그대로 상자에 넣는다.

7. 세 번째 공과 네 번째 공을 올려 무게를 비교한다. 세 번째 공이 더 무거우면 두 공의 위치를 교환하여 상자에 넣고, 그렇지 않으면 그대로 상자에 넣는다. 이 동작을 마치면 두 번째로 무거운 공이 네 번째 상자에 위치하게 된다.

8. 이러한 동작을 첫 번째 공부터 세 번째 공에 대해 수행하면 세 번째로 무거운 공이 세 번째 상자에 위치하게 된다.

9. 마지막으로 첫 번째 공과 두 번째 공에 대해 이러한 동작을 수행하면 모든 동작이 완료된다.

실전 17-2

풀이 과정을 생략합니다.

18장 탐색

실전 18-1

100번

실전 18-2

`a ▾ 을(를) 1 만큼 바꾸기`

실전 18-3

50번째 또는 51번째 카드

이유는 18.3 이진 탐색에서 확인할 수 있습니다.

2 : `high ▼ 을(를) ( mid - 1 ) 로 정하기`

3 : `low ▼ 을(를) ( mid + 1 ) 로 정하기`

19장　이진 탐색 트리

실전 19-1

원에 적혀있는 수들 간에는 다음과 같은 규칙이 있습니다.

상위 원에 적힌 수보다 왼쪽 하위 원에 적힌 수는 작고, 오른쪽 하위 원에 적힌 수는 크다.

그러므로 7은 15보다 작고, 8보다 작고, 6보다 크므로 6이 적힌 원의 오른쪽 하위 원에 위치해야 합니다. 그리고 16은 15보다 크고, 25보다 작고, 19보다 작으므로 19가 적힌 원의 왼쪽 하위 원에 위치해야 합니다.

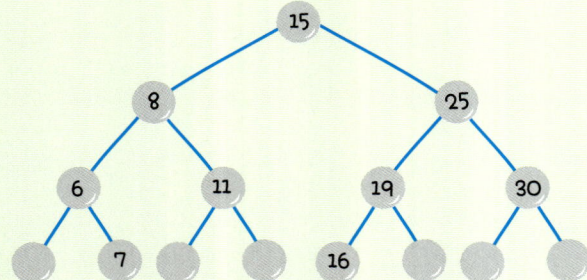

실전 19-2

(1)

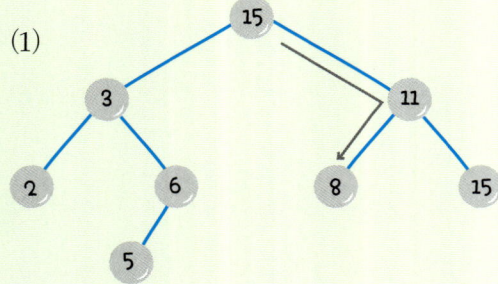

(2)

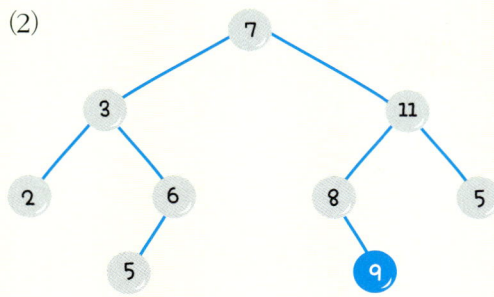

(3)

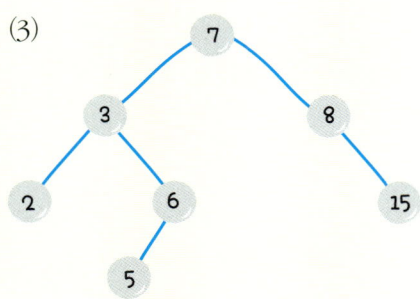

20장 다익스트라 알고리즘

실전 20-1

각 건물까지 이동하는 시간을 계산하면 다음과 같습니다.

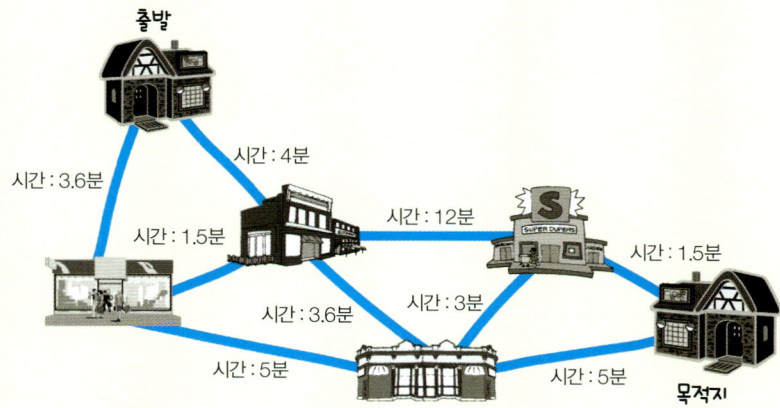

일일이 시간을 더해보면 출발에서 목적지까지의 가장 빠른 경로를 찾을 수 있는데 다음 그림에서 진한 경로로 된 부분입니다.

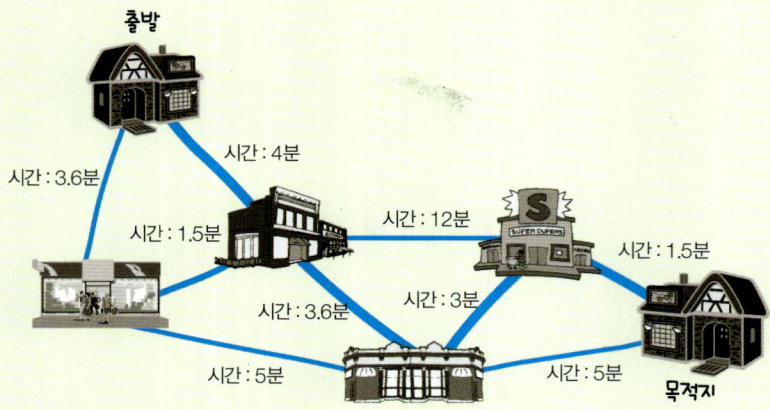

실전 20-2

a-b-e-f-g

21장 오류 검출하기

실전 21-1

다음 도형은 모든 행과 열에 있는 파란색 사각형의 수가 짝수입니다.

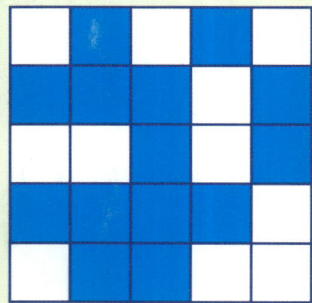